我是不白吃 著绘

国际文化出版公司
·北京·

图书在版编目（CIP）数据

吃透中国史．秦汉 / 我是不白吃著绘．－－ 北京：国际文化出版公司，2024.2（2025.1 重印）

ISBN 978-7-5125-1602-1

Ⅰ．①吃… Ⅱ．①我… Ⅲ．①中国历史－秦汉时代－通俗读物 Ⅳ．① K209

中国国家版本馆 CIP 数据核字（2023）第 249436 号

吃透中国史·秦汉

著　　绘	我是不白吃
责任编辑	张　茜
责任校对	崔　敏
选题策划	魏　玲　潘　良
策划编辑	张　政
出版发行	国际文化出版公司
经　　销	国文润华文化传媒（北京）有限责任公司
印　　刷	雅迪云印（天津）科技有限公司
开　　本	800 毫米 ×980 毫米　　　16 开 21.25 印张　　　　　　　215 千字
版　　次	2024 年 2 月第 1 版 2025 年 1 月第 4 次印刷
书　　号	ISBN 978-7-5125-1602-1
定　　价	68.00 元

国际文化出版公司
北京市朝阳区东土城路乙 9 号　　邮编：100013
总编室：（010）64270995　　传真：（010）64270995
销售热线：（010）64271187
传　真：（010）64271187-800
E-mail：icpc@95777.sina.net

序　言

　　中国自春秋时期以来，开始走向变化的道路，传统秩序不断崩溃，即所谓"礼崩乐坏"。这一变化至战国时期而加剧，最终的结果是秦汉一统。秦汉是中国历史上的一个重要时段。经历春秋和战国时期长期的分裂与战乱之后，秦凭借其强大的政治、军事实力统一六国，建立中国历史上第一个大一统的王朝。这是当时一大变局，开启了新的历史走向。但正由于变化之大，秦王朝内外各方面矛盾与问题随之积聚，但未得到妥善解决，以至于在极短的时间内仅延续二世而亡。随之而来的又是一段时间的天下大乱，刘邦项羽争天下，最后以刘邦建立汉朝结束。汉朝的建立，标志着一个新的时代正式开启。汉朝又分为西汉、东汉，前后一共延续四百余年。

　　秦汉四百余年是一个由旧走向新的时代，伴随着方方面面的重大变革。政治方面，最为显著的变化，乃是新的郡县制逐步替代了之前长期实行的分封制，大一统的中央集权体制在这一时期确立，多民族的大一统国家得以建构，并由此导致官僚制度、选拔制度、地方行政制度的根本变化。社会经济方面，三代以来那种以贵族社会为主的结构，逐步转化为平民化的社会结构。社会的重心不在少数贵族，而在更广大范围的平民阶层。借助察举、征辟，平民阶层可以进入大一统的行政体制中。思想文化方面，战国时期诸子百家争鸣的局面一变而为儒家独盛。尤其汉武帝"罢黜百家，独尊儒术"后，儒学作为政治运作、社会运行的基本原则得到确立。对外关系方面，秦汉两朝以开放、包容的心态，与周边以及更远地区展开经济、文化全方位交流。以上种种，造就了这一时期的持续繁荣与富足，也对中国此后的历史发展产生具有奠基性的深远影响。

呈现在读者面前的这一册《吃透中国史·秦汉》，对秦汉四百余年的历史进行了还原。该书有如下两个特点：一是全面。秦汉时期历史跨度大，重大事件多，纷繁复杂，各类人物层出不穷。这给人们了解这段历史造成困难。该书在有限的篇幅内，对秦汉历史演变及发展脉络进行了全面讲述，同时，还能做到提纲挈领、繁而不乱、重点突出。二是生动。一般历史的叙述模式，往往易流于枯燥。该书以图文并茂的方式将历史娓娓道来，是生动活泼的，尤其这种漫画的形式，更易为青少年朋友所接受。作者在其中也穿插了不少当代流行的话语，以今人之言述古人之思，把死的历史以活的形式展现，从而拉近了今人与古人的距离，使枯燥的历史变得意趣盎然。

历史教育是人文教育的重要组成部分。中国五千年悠久、灿烂的历史文化，是我们民族最宝贵的资源，应为当代中国人尤其青少年朋友所了解、认识。在此基础上，才可以来谈文化自觉、文化自信。回望历史，也才能奋然前行。希望这本书能为青少年朋友培养历史学习兴趣提供有益的帮助。

中山大学历史系教授 杨勇

经过春秋和战国这段漫长的战乱时期，中国历史进入秦汉时期，这个时期是秦朝和汉朝两个朝代的合称，因为有"汉承秦制"的说法，而且又是两个连续的大一统王朝，所以被称作秦汉时期。

这是中国历史上第一个强盛的时期，国土面积、军事实力、人口、经济、文化都得到了空前的发展。秦朝开创、汉朝优化的国家治理体系，深刻影响着中国的历史进程。秦汉时期逐渐形成的汉语、汉字、汉服等文化，也为后来中国文化基本格局的形成奠定了基础。

不白吃带你翻看《汉书》《后汉书》《三国志》等史料，一起来了解这个被后世传颂千年的光辉时代。

嬴政

第一章 秦时明月

秦国统一六国以后，南方还存在着很多分散的民族部落，他们被称为百越，公元前 219 年，秦始皇派屠睢率 50 万秦军兵分五路进攻百越。

令人意想不到的是，无往不胜的秦军在攻打百越的时候竟然寸步难行，因为百越地区几乎都是深山老林，地形复杂，气候多变，秦军打了三年，损失惨重，主将屠睢也战死了。

接着，秦始皇派任嚣和赵佗再次进攻百越，但秦国有了上次失败的经验教训，这一次进攻十分顺利，秦军很快就占领了百越全境。

战国时期，中原各国忙着打群架，北方的匈奴趁机发展了起来，经常到中原抢劫，几乎在任嚣和赵佗带兵在南方进攻百越的同时，秦始皇又派蒙恬率30万大军北上把匈奴人赶走了。

003

在战国时期，燕国、赵国、秦国分别修筑了长城来阻挡匈奴及胡人等。秦国统一六国以后，秦始皇派大批工匠、士兵将燕、赵、秦这三段长城连了起来，筑成"万里长城"。

第一章 秦时明月

但这时候各地的风俗习惯、经济文化还是有很大区别,秦始皇又统一了货币样式、度量尺码,也统一了车轮之间的宽度等。

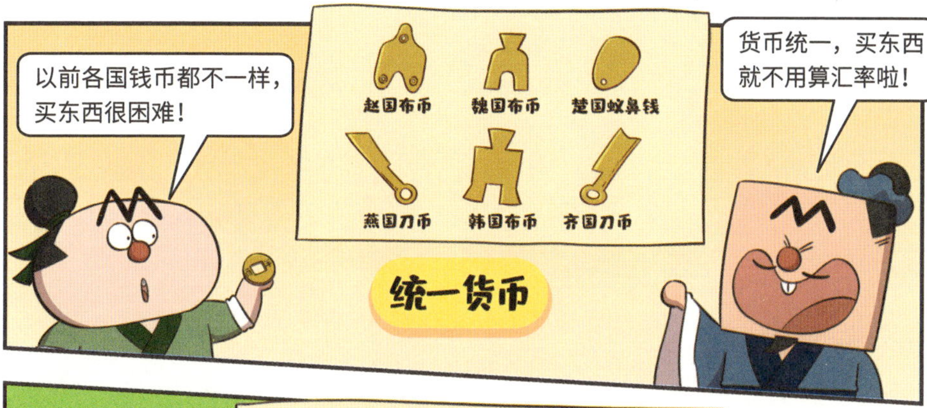

以前各国钱币都不一样,买东西很困难!

货币统一,买东西就不用算汇率啦!

赵国布币　魏国布币　楚国蚁鼻钱
燕国刀币　韩国布币　齐国刀币

统一货币

以前各国的秤不一样,买东西总是缺斤少两的!

度　量　衡

现在都统一了,买卖市场更加公平啦!

统一度量衡

以前各国车轮距离不同,道路宽度不同,出门总是堵车。

现在统一了车轮距,出游一路畅通。

车同轨

005

除此之外，秦始皇还以咸阳为中心，修建了四通八达的驰道，相当于当时的高速公路。他还派蒙恬修了一条"直道"，全长 700 多公里，专门用于行军。

战国时期，各国的文字是不一样的，互相沟通起来十分困难，秦始皇统一六国以后，命令李斯将各国的文字统一。

李斯在秦国文字的基础上,从其他六国的文字中取长补短,创造出了一种字体美观、书写简便的新字体——"秦篆",将其作为秦国的标准文字。

秦始皇废除了当年周朝分地盘给诸侯、后代还能继承的分封制,推行郡县制,曾经七国的地盘被分成了三十六个郡,郡又被分成若干个县,郡的长官叫郡守,县的长官叫县令,这些长官要从人才中选拔,是有任职期限的。

有一个高大上的活动叫"封禅",是指中国古代帝王在太平盛世或天降祥瑞之时祭祀天地的大型典礼,一般由帝王亲自到泰山上举行。秦始皇也来到泰山,向天地炫耀自己的功绩。

> 朕感动天!感动地!也要感动朕自己!

除了泰山,秦始皇还带队去了很多地方旅游,从西方的群山到东方的大海都留下了他的足迹,每到一个景区,秦始皇都要留下一块刻着自己功绩的石碑。

第一章 秦时明月

秦始皇拥有了一切，却日渐老去，他一直有长生不老的梦想。齐国有一个叫徐市（fú）的方士，说他能满足秦始皇的梦想。

徐市出海以后不知所终，有人说他葬身大海，还有一种说法就是他根本没有找到长生不老药，又怕秦始皇处死他，就带着几千男孩、女孩漂洋过海去了日本，于是就有了徐市是中国文化向日本传播的第一人的说法。

009

除了徐市之外，秦始皇还派了一些其他的方士帮他寻找长生不老药，这些人和徐市一样，开始答应得好好的，结果药没找到，人都跑了，还到处嘲讽秦始皇傻。

秦始皇伤透了心，加上他得知那些自称有文化的方士到处嘲讽他，于是化伤心为愤怒，派人找到了四百多个疑似方士的人，将他们全部坑杀了。

第一章 秦时明月

秦国实行严刑峻法,推行郡县制,很多政策和思想与诸子百家中的思想背道而驰。为了巩固秦国的统治,李斯建议秦始皇将民间《诗》《书》等百家的书籍全都烧毁。

秦始皇坑杀方士和焚烧民间典籍的事情被后世称为"焚书坑儒","焚书"是不允许民间百姓看到这些书籍,并不是彻底毁掉;"坑儒"是杀了一些可能学习过儒家思想的方士,并不是坑杀所有儒家弟子。

公元前 211 年，出现了"荧惑守心"①的天文现象，古代人认为这是一种帝王要死亡的征兆。

① 荧惑守心：象征灾祸的火星在象征帝王的心宿二附近徘徊。——编者注

不久，有一颗陨石落在了东郡，有人在陨石上刻了"始皇帝死而地分"几个字。秦始皇知道以后十分生气，他找不到刻字的人，就把住在陨石附近的所有百姓都杀了。

012

第一章 秦时明月

也是在这一年的秋天,一个在外出差的秦国官员碰到一个陌生人,那人交给他一块玉,说了句:"今年祖龙死。"然后人就不见了。

这三件离奇的事情搞得秦始皇十分不安,于是他又举行了封建迷信活动——占卜。

公元前 210 年，秦始皇再一次出巡，这一次跟随他出行的有丞相李斯、宦官赵高，还有他的小儿子胡亥。这次出巡秦始皇从咸阳来到遥远的南海（今东海），又乘船向北，在琅琊（今山东琅琊山，黄海边）射杀了一条大鱼。

结果没过多久，49 岁的秦始皇在沙丘（今河北邢台）病逝了。在宦官赵高和丞相李斯的密谋下，秦始皇年仅 21 岁的小儿子胡亥继承秦国皇位，史称"秦二世"。

第一章 秦时明月

秦朝结束了长期以来诸侯割据称雄的局面,百姓的生活和社会生产得到稳定的发展。秦朝建立的中央集权制度,奠定了中国两千多年封建政治制度的基本格局,如明月一般引领着后世历代封建王朝的政治制度。

但是以法家思想治国的秦始皇在统一六国后推行了很多过于严苛的律法，这也导致秦朝得了一个"暴政"的名声，很多被压迫的百姓十分不满，看似一统的秦朝实际暗流涌动。

秦汉百科小贴士

秦始皇陵

　　秦始皇陵是中国第一位皇帝嬴政的陵寝，这座陵墓在秦王政元年（前246年）开始修建，到秦二世二年（前208年）完工，这项巨大工程历时长达39年，动用70余万人一起修建。

　　据说秦始皇陵内的地宫有五个足球场那么大，里面用大量昂贵的液体金属水银制成了江河湖海，用珍贵的夜明珠排列成了漫天星空，用鲸鱼油作为灯油点燃万年不灭的长明灯。地宫中还有无数精巧的箭弩机关防止盗墓者进入。陵墓外修建了恢宏的宫殿群；还有仿照秦国军队制造的大型人俑，就是今天被誉为"世界第八大奇迹"的秦始皇兵马俑。

第二章　二世亡秦

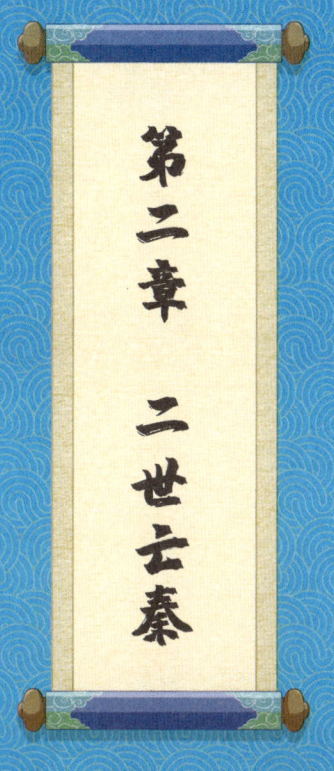

秦王嬴政刚刚平定六国的时候，给自己取了一个高大上的称呼：秦始皇，可以理解为"秦国最开始的皇帝"，他还给自己后代继承人的称呼都编上了号。

虽然秦始皇说过皇位要传到万世这样的话，但他的终极梦想是长生不老，永远做皇帝，所以他一直没有立太子。

秦始皇的长子叫扶苏，为人宽仁又刚毅勇武，口碑好，人气高，但是扶苏这个人说话特别直，总是反对秦始皇的命令，弄得秦始皇很没面子。

虽然秦始皇很喜欢扶苏,但作为皇帝,实在无法忍受儿子总不听话,一气之下就把扶苏赶到了守卫边塞的将军蒙恬那里考察学习。

前文说到,公元前211年,天下发生了几件不吉利的事,有个方士掐指一算,建议秦始皇出去东巡,秦始皇又一次开始了东巡之旅。

当秦国东巡旅游团来到平原津（今山东西北）的时候，秦始皇病倒了，他知道自己活不了多久了，就给在边塞吹风的长子扶苏写遗诏，想让扶苏回咸阳帮他准备后事，秦始皇把信交给了身边的宦官秘书赵高。

但赵高很不喜欢扶苏，怕扶苏当皇帝后欺负自己，他心中有另外的人选。

公元前210年的七月份，49岁的秦始皇在沙丘病逝，丞相李斯封锁了秦始皇病逝的消息，赵高想篡改手中遗诏让胡亥继位。

赵高、胡亥、李斯三人合谋，写了一封秦始皇自己都不知道的"遗诏"。皇位继承人改成了胡亥，还以秦始皇的名义给扶苏和大将蒙恬定罪，命令他们自尽。

当扶苏收到假遗诏以后，想都没想就自尽了。

得知扶苏的死讯以后，胡亥和赵高终于放心了，此时秦始皇的尸体还被放在车里，已经开始腐烂，赵高在秦始皇专车周围放了很多臭咸鱼来掩盖臭味。

几个月后,秦始皇东巡的队伍回到咸阳,胡亥继承皇位成为秦二世,他将秦始皇安葬在位于骊山的豪华陵寝中。

秦二世的皇位来路不正,心虚的他害怕兄弟们争夺他的皇位,在赵高的怂恿下,秦二世捏造了各种罪名,将自己二十几个兄弟姐妹全都逼死了。

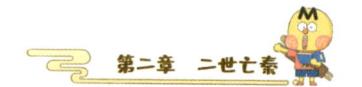

接着，秦二世和赵高又把矛头指向了朝堂里的大臣，秦国大将蒙恬和蒙毅被杀害了，不听从他们命令的其他忠臣也都被杀害了。

> 我们老蒙家祖孙三代为秦国立下赫赫战功，居然落得这样的下场！

> 没能光荣退休不说，还丢了性命，好悲惨啊，嘤嘤嘤！

蒙恬

蒙毅

秦二世从小贪玩，不务正业，当上皇帝以后更是彻底放飞自我，整天除了玩就是玩，皇帝的工作都交给宦官赵高处理。

> 赵老师，人生就像白驹过隙，不好好享受快乐，那不是很可惜？

> 陛下您说得对，不好好玩儿就浪费青春啦！

可惜赵高不是好人，他经常利用秦二世对自己的信任，打击陷害不服从自己的大臣。

> 我又没犯法，你凭什么处罚我？我要找陛下理论！

> 陛下忙着玩儿呢，我的命令就是陛下的命令，哈哈哈！

025

秦二世施行十分繁重的徭役，让数十万百姓去续建骊山皇陵和阿房宫等巨大工程，除此之外还加重了赋税，法律也越来越严苛，百姓生活十分困苦。

每天干这么多活，都快累死啦！

每次交那么多税，家里没饭吃啦！

我只是上班迟到就被判了死刑，没天理呀！

第二章 二世亡秦

公元前209年，有一队900人的平民队伍出发往千里之外的渔阳去戍守。当时正是7月的雨季，道路泥泞，行进缓慢，众人预测无法按时到达渔阳，队伍中的两个小队长陈胜和吴广决定造反。

> 按照大秦的律法，上班迟到要被处死，不去上班也要被处死！（吴广）

> 天下被大秦压迫得这么痛苦，既然都是死，一起造反吧！（陈胜）

那时的人都比较迷信，陈胜为了得到众人支持，就在一块布上写了"陈胜王（wàng）"三个红字，将布塞进众人准备吃的鱼肚子里，史称"鱼腹丹书"。

> 你看，鱼肚子里有布条！

> 天啊，居然写着陈胜王！

夜里，陈胜又让吴广跑到附近的荒庙里模仿狐狸的声音高喊："大楚兴，陈胜王"，即"篝火狐鸣"。

在陈胜和吴广两人一通忽悠下，百姓们都决定跟随他们。众人在大泽乡打着为公子扶苏报仇的旗号揭竿而起，拉开了天下反秦的序幕，史称"大泽乡起义"。

① 王侯将相难道就是天生的贵种吗？——编者注

陈胜带着起义军攻下大泽乡，很多不满秦国统治的百姓加入了陈胜的队伍，他们一举攻下了好多郡县，陈胜军队人数也越来越多，经内部商议立号"张楚"，众人称其为"张楚王"。

> 您对抗暴秦，又帅又能打，应该当王啊！

> 说得我怪不好意思的，那我就勉为其难啦！

全国各地有很多人响应陈胜的起义，秦国陷入极大的危机，而秦二世此时依旧歌舞升平，因为赵高把各地的紧急战报全都扣下了，还继续忽悠秦二世。

> 朕听说有很多人造反？

> 哪里有人造反！只不过是一些小蟊贼而已，陛下您接着玩儿！

陈胜称王以后兵分多路进攻秦国的郡县，两个月后，他的部下竟然打到了距离咸阳只有几十里的戏地，秦朝危在旦夕，直到这时，秦二世才知道天下的真实状况。

> 陛下！几十万大军已经打到咱们家门口啦！

> 哪来的这么多叛军？天上掉下来的吗？好可怕啊！

此时咸阳周边没有像样的军队，秦国将领章邯（hán）想出了一个办法，他请求秦二世赦免正在修建骊山皇陵的罪犯，把这些亡命之徒武装起来对抗叛军。

陛下不怕！骊山皇陵有几十万罪犯，臣可以带他们平定叛乱！

好好好！你说什么我都听你的！

章邯

陈胜眼看就要灭亡秦朝的时候，却被秦国将领章邯率领的几十万罪犯打得节节败退，陈胜在逃亡的过程中被自己的车夫庄贾杀害了。

作为我最信任的专车司机，你竟然……

章邯给我的工资比你高，杀了你，我就发财啦！

庄贾

第二章 二世亡秦

陈胜的失败是有原因的，当初陈胜称王以后变得越来越骄傲，一起做佣工的朋友过来投奔，陈胜却觉得朋友身份太低而嫌弃他，后来朋友说了他几句玩笑话，陈胜直接杀了自己的朋友。

你当初说过"苟富贵，勿相忘"的誓言，现在都忘了吗？

你骂谁是狗呢？给我杀了他！

这件事让陈胜的人气越来越差，起义军内部不再团结，他派往各地的将领全都离开他自己当了老板，赵王武臣、燕王韩广、魏国丞相周市（fú）都曾经是陈胜的手下。

看来我不是大王，而是大王训练营的教官啊！

陈胜去世后，天下更乱了，但秦二世依然在后宫玩耍度假，秦国大权依旧掌控在赵高手中。

秦二世是假皇帝，我老赵才是真皇帝！

丞相李斯想挽救大秦，但是赵高却一直阻挠他见秦二世，专挑秦二世玩得正高兴的时候，让李斯汇报工作。

> 陛下，大事不好啦！

> 出去！玩的时候找朕谈工作！你烦不烦？！

李斯

见秦二世越来越讨厌李斯，赵高趁机诬陷李斯谋反，将李斯处以残忍的腰斩极刑，大秦一代名臣去世，赵高夺取了丞相的位置。

> 我好惨啊，嘤嘤嘤！

> 丞相的工作交给我就好，你就安心地去吧！

赵高

李斯去世以后，赵高彻底掌握秦朝的生杀大权，久而久之他萌生了做皇帝的梦想。

> 虽然我是个小小的宦官，但我却有一个大大的梦想……

随着各地造反的消息不断传来，赵高感觉事情瞒不住了，害怕自己被秦二世干掉，他就抢先下手，让自己的女婿——咸阳令阎乐带兵冲进秦二世居住的望夷宫，逼着24岁的秦二世自尽了，史称"望夷之祸"。

在杀掉秦二世以后，赵高居然召开发布会昭告天下，痛斥秦二世的罪行，之后他让秦二世的大侄子子婴继承大位，将称呼从"皇帝"改成了"秦王"。

按照继位流程，子婴需要在斋宫斋戒五天，斋戒时子婴总感觉赵高要害他，于是就赖在斋宫不去继位，等到赵高亲自过来请他的时候，子婴趁机杀了赵高。

> 你小子一肚子坏水，我今天就为国除害！

> 死亡来得这么突然，我还没当成皇帝啊，嘤嘤嘤！

子婴

在秦王子婴继位的时候，秦国最后的大将章邯已经向楚军将领项羽投降。还有一支不起眼的队伍已经逼近秦国都城咸阳，这支队伍的老大叫刘季，他就是后来的汉高祖刘邦。

汉高祖

> 有颜值、有演技，为人圆滑、处世灵活，说的就是我啦！

刘邦

秦汉百科小贴士

指鹿为马

赵高杀害丞相李斯以后掌控了秦国大权，他想测试自己在朝堂上的地位。有一次，在秦二世和大臣开会的时候，赵高让人牵了一头鹿进来，他指着鹿说这是一匹马，秦二世嘲笑赵高，说他把鹿认成了马。随后赵高大声询问在场大臣，好多人畏惧赵高的权势，都把鹿说成了马，只有一些耿直的大臣说是鹿。在散会以后，那些说了实话的大臣都被赵高杀害了。从此秦国朝堂上再也没人敢反对赵高，赵高大权独揽，大秦帝国也一步步走向灭亡。这件臭名昭著的政治事件就是成语"指鹿为马"的由来。

指鹿为马

把鹿说成马，比喻故意颠倒黑白，混淆是非。

> 陛下，您看错了！这不是鹿，是马！

> 没错没错，这就是马，大王您看错啦！

> 怎么都说是马？难道朕近视眼了？

刘邦

第三章　群雄逐鹿

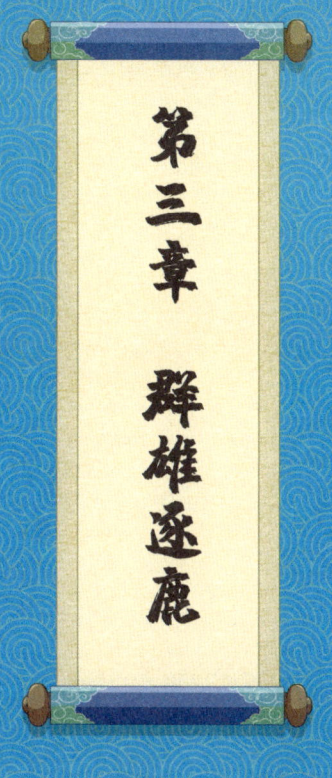

公元前 207 年 10 月，子婴"素车白马"，带着妻儿出咸阳向刘邦投降，此时距离他当上秦王仅仅 46 天，距离秦始皇统一六国仅仅 15 年，秦朝就此灭亡。

> 大秦没抢救回来啊，嘤嘤嘤！

> 子婴嘤嘤嘤，有点意思，哈哈哈！

子婴 **刘邦**

公元前 256 年，刘邦出生在沛县（今江苏徐州）的一个农户家庭，当时六国还没有被秦国灭掉，未来的秦始皇嬴政才 3 岁。刘邦，原名叫刘季，季是同辈中排行最小的意思，后来他才给自己改名叫刘邦。

> 爸爸，刘季这个名字听起来太没文化了，我要改名！

> 没文化？那改成刘老幺怎么样？

刘邦从小游手好闲，喜欢和同乡的孩子们一起淘气惹祸，一出场就是个小混混形象，他还是个自来熟，喜欢结交朋友。

小子，我看你像个文化人，咱们交个朋友？

我不要，妈妈不让我和坏孩子玩儿！

长大后，为人豁达仗义的刘邦身边经常跟随着很多狐朋狗友，卖狗肉的屠夫樊哙、车夫夏侯婴、无业游民卢绾、监狱"打工仔"曹参等，其中最有文化的就是在沛县官府工作的萧何。

子曰近朱者赤，你就不能交点有文化的朋友？

你不就是我最有文化的朋友吗？

萧何　樊哙　夏侯婴

之后刘邦通过考试做了沛县的泗水亭长，相当于今天的乡村保安队队长。

> 谁说我不务正业，现在大小也是个官儿啊！

> 刘老幺！村口有人打起来了，你快去管管啊！

有一次，一个姓吕的大户人家搬家到了沛县，刘邦过来蹭饭，吕家的主人吕公觉得刘邦很顺眼，竟然要把自己的女儿吕雉嫁给刘邦。

> 我看你长了一副大富大贵的脸，我想把我的女儿嫁给你！

> 那怎么好意思呢，岳父大人！

吕雉

吕公的女儿吕雉是个大美女，曾经财大气粗的沛县县令想追求她都被无情拒绝，结果青春妙龄的高冷女神吕雉竟然嫁给了一把年纪且一无所有的保安队队长刘邦。

> 女神嫁人了，新郎不是我，嘤嘤嘤！

> 长得帅就是可以为所欲为，哈哈哈！

沛县县令

第三章 群雄逐鹿

几年后，刘邦负责押送服徭役的人到骊山修秦皇陵，出发没多久就有很多人偷偷跑了，按照秦法，所有人都会被处死。刘邦喝酒壮了壮胆，将所有服徭役的人都放了，带着十几个人躲进了芒砀（dàng）山里。

> 酒壮尿人胆，一起钻大山。

> 队长你还会吟诗？真有文化，以后我们跟你混啦！

不久，陈胜、吴广在大泽乡起义的消息传来，身为逃犯的刘邦趁机鼓动沛县百姓除掉了沛县县令，众人推举他为沛县老大，称呼他为沛公。

> 保安队队长变沛县县长了！

> 以后就叫您沛公吧！

就在刘邦成为沛公的这个月，陈胜的军队攻破秦国的门户函谷关冲向咸阳，齐国、燕国、魏国在各地复国重生了，楚国贵族项梁和他的侄子项羽也在吴中（今江苏苏州）起兵造反。

刘邦的起义事业发展并不顺利，还被手下背叛，过得十分凄惨。幸运的是，他在这期间结识了韩国旧贵族张良，两个人聊得很开心，张良决定跟着刘邦混。

一看您这长相就是老天爷赏饭，前途无量，我想给您打工。

我能刷脸娶老婆，还能刷脸招手下，我都服我自己啦！

张良

张良足智多谋，长得像女子一样肤白貌美。他的爷爷、父亲都当过韩国的丞相，等到他这一辈的时候韩国被秦国灭了，张良曾经刺杀过秦始皇，是反秦圈子里的大明星。

> 只要能灭掉秦国，让我做什么都可以！

刘邦为了给自己找一个强大的靠山，就投靠了强大的项家军，他极力讨好项家军统帅项梁和项羽，给他们当小弟，想得到他们的庇护。

> 老刘，你这是要改姓项吗？脸都不要了？

> 我要脸干吗？能吃吗？

萧何

项

项羽是项梁的侄子，他从小读书成绩差，练剑成绩也差，志向远大的项羽看不上这些"小技能"，一心只想成为"万人敌"。

> 练剑最多打十个，我要打就打一万个！

> 虽然很暴力，但确实是个当将领的材料。

项羽

项梁

项羽是个身高一米九左右的壮汉，他能举起几百斤重的鼎，是吴中的举重明星。

秦武王嬴荡就是被这东西砸死的吗？也不怎么沉呀！

你把鼎拿去练举重，我们拿什么吃饭啊？

在陈胜起兵造反的消息传到吴中后，项梁和项羽密谋除掉了会稽郡守，随后起义进攻秦国，很快就有了七八万兵马，他们被称作项家军，是起义队伍中实力最强的老大，妥妥的巨头。

巨头？叔叔，你的头好像也没那么大啊？

巨头是说我很强大！不是我脑袋大！

项梁

第三章 群雄逐鹿

一个叫范增的老头被项家军这个大品牌吸引过来找工作，此时的他已经70多岁了。在范增的建议下，项梁和项羽找到了在民间放羊的楚国贵族熊心，立他为楚怀王。

> 立一个楚国王室后代做楚王，这样反秦事业就名正言顺啦！

> 昨天还在放羊，今天就当王了，我有点紧张啊！

范增　　楚怀王

不久后的战争中，项梁因为轻敌被秦国将领章邯除掉了，楚怀王得知后，吓得赶紧迁都到彭城，封自己做了楚军的统帅，封项羽为长安侯，封刘邦为武安侯。

> 熊心这个放羊出身的吉祥物还真把自己当王了？我要你封？

> 真没想到我一个乡村保安队队长居然会有封侯的一天啊！

长安侯　　武安侯

045

项梁死后，章邯没有乘胜向南继续进攻楚国，而是率领士气高昂的秦军掉转矛头，向北进攻赵国，赵王歇被秦军堵在巨鹿，派人去向其他诸侯国求援。

招惹你的一直是楚军，你去打他们啊，打我干啥？

项梁被我除掉了，楚军就是无头苍蝇，不值得一打，还是打你吧！

赵王歇

章邯

后来各路诸侯虽然派兵来了，却没人敢进攻秦军，只是远远观望。

齐　秦　燕

你们大老远过来是看热闹的吗？快救命啊！

第三章 群雄逐鹿

楚怀王接到赵国求援的通知以后，决定兵分两路进攻秦国，刘邦率领西路军，项羽在北路军，楚怀王让这两路兵马比赛，获胜者有丰厚奖励。

谁先到关中端了秦国老巢，谁就是关中的王！

比赛开始前，楚怀王命令项羽先去北边的巨鹿出趟差，完成援救赵国的任务，相当于在田径比赛中，刘邦直冲终点，项羽却绕了个远路还要过一个障碍，十分不公平。

我这个路线是不是有点绕啊？

不绕不绕，都说"弯道超车"，你肯定比我先到关中！

047

刘邦带领自己的军队向西进攻秦国的郡县，项羽所在的北路军绕道去巨鹿援助赵国，此时秦国不断增兵，已经有40万秦军聚集在巨鹿，由秦国将领章邯和王离率领。

> 这些叛军打仗太业余，我懒得一个一个去找他们。

章邯

> 所以就故意吸引他们到巨鹿，一口气全灭了！

王离

项羽来到巨鹿后，烧掉营帐、砸烂铁锅、毁掉来时用的船只，以必死的决心激励士气，随后他亲自率领数万楚军把40万秦军打得丢盔弃甲，这就是项羽"破釜沉舟"的事迹。

破釜沉舟

> 我们已经没有退路了！

> 不灭秦军不回家！

巨鹿一战，项羽成了大明星，之前选择观望的各路诸侯彻底服了项羽，都认他当大哥，后来章邯带着20万秦军向项羽投降，项羽却连夜把20万秦军俘虏全都杀了。

粮食不够分的，只能杀这些俘虏啦！

章邯投降后，项羽加快速度奔向咸阳，然而此时秦王子婴已经向刘邦投降了，按照之前的约定，刘邦成了名义上的"关中王"，输了比赛的项羽气炸了。

我百战百胜，居然会输给刘邦那个小混混！

快来人灭火！项将军要爆炸啦！

范增

贪财好色的刘邦不但自称"关中王"，还想住进咸阳的宫殿享受荣华富贵，是张良阻止了他。

我先进的关中，按照比赛规则，我就是"关中王"！

楚怀王就是个吉祥物，他说的话咱们不能相信！

张良

在张良的劝说下，被胜利冲昏头脑的刘邦冷静了下来，他下令把咸阳王宫的大门、粮仓、金银珠宝全都封了起来，然后撤出咸阳回到了霸上的军营。

放弃了在咸阳做高富帅的机会，我好难过啊！

项羽40万大军，你才10万业余民兵，你要称王就不怕被项羽攻打吗？

第三章 群雄逐鹿

刘邦回到霸上军营后，把咸阳和周边有影响力的大名人全都请到了身边，告知他们自己的"约法三章"，宣传自己仁德善良的人设，很快当地百姓就被刘邦圈粉了。

我和大伙约法三章，我的军队绝对不乱杀人、不乱伤人，也不会偷东西……

刘邦的队伍靠谱啊！

刘邦是个厚道人啊！

不久，愤怒的项羽带兵驻扎在了距离霸上不远的鸿门，他打算第二天就出兵攻打刘邦，项羽的叔叔项伯和刘邦的军师张良是好朋友，就连夜来霸上给张良传递消息。

良仔，明天项羽要过来攻打，你快跑吧！

项伯

051

张良没有逃跑，而是把消息告诉了刘邦，同时让刘邦亲自来见项伯，演了一出苦肉计。

我就是个小混混，称王的事我想都没想过！项羽将军误会我了啊，嘤嘤嘤！

演技真好，我都快信了。

项伯

在项伯的建议下，第二天一早，刘邦带着张良和樊哙等人来找项羽道歉，项羽在鸿门设宴请刘邦吃饭，此时的项羽 26 岁，刘邦 50 岁，老奸巨猾的刘邦一入座就开始了他的拍马屁表演。

项羽大王是最强的！咸阳的金银财宝我提前给您保存好了，就等您接收了！

你小子还挺懂事儿嘛！

第三章 群雄逐鹿

刘邦骗得过年轻的项羽，却骗不过 70 岁的范增，范增早就觉得刘邦是个巨大的威胁，他去找来项羽的堂弟项庄，让他以表演节目为名在席间刺杀刘邦。

> 你进去给里面的人表演一段舞剑，然后找机会把刘邦除掉！

> 您放心，我很擅长跳舞……哦不，我很擅长刺杀！

项庄

项庄一边舞剑一边寻找时机，一旁的项伯看出项庄想刺杀刘邦，就拔剑和项庄共舞以此来保护刘邦。

> 二位小心啊，别误伤了小弟我啊！

053

在席的张良担心刘邦的安全,就出去找武将樊哙进来保护刘邦,樊哙二话不说,拿剑提盾闯进宴席,打断了项庄舞剑的节目,解除了刘邦被刺杀的危机。

> 我是沛公的保镖樊哙,进来混口饭吃!

> 听说你打仗很勇猛,我喜欢,请坐!

樊哙

过了一会儿,刘邦以上厕所为理由离开了宴席,出了项羽营帐以后找了匹马,用飞一样的速度逃离了鸿门,这就是鸿门宴的故事。

> 我这不是逃跑,而是逃命啊!

鸿门宴刺杀失败后,不甘心的范增继续劝项羽除掉刘邦,骄傲自大的项羽却不听他的。

> 刘邦那么贪财好色,进了咸阳却什么都没要,一定是有大志向!必须除掉他!

> 刘邦就是个市井混混,能有什么大志向!我才不怕呢!

范增

第三章　群雄逐鹿

几天后，残暴的项羽带兵冲进咸阳除掉了秦王子婴，纵容手下到处烧杀抢掠，又把咸阳的宫殿和骊山皇陵烧了，这场大火烧了三个月，曾经不可一世的秦国霸业就这样灰飞烟灭。

> 盛大的篝火晚会，大家嗨起来！

项羽把秦国刚统一不久的天下重新拆分成好多块领地，分封给了各路义军首领，目光短浅的项羽没有当天下皇帝的梦想，只想回西楚老家显摆自己的成绩，他封自己为西楚霸王。

> 本霸王给你们分一分地盘，每个人都有份！

> 耶！太好啦！

范增始终觉得刘邦是个威胁，他给项羽出主意，把荒芜的巴蜀和汉中分封给了刘邦，称他为汉王，想以此消耗刘邦的实力。

> 巴蜀那个地方又穷又破，交通也差，刘邦到那儿早晚完蛋！

> 那边都是丛林，用不了多久他就会变成野人。

刘邦的人马好歹也是第一个冲进咸阳的义军，却被分封到了最穷最荒芜的地方，他十分郁闷，好在他还有一套强大的创业班底：足智多谋的张良、精打细算的萧何、作战勇猛的樊哙等，不久他还将得到一个军事天才韩信。

> 项羽你这个臭小子，我早晚会回来的！

入蜀进修直通车

秦汉百科小贴士

斩蛇起义

刘邦还在给秦国打工的时候，接了一个送人到骊山服徭役的任务，半路上好多役徒跑了，刘邦知道按照秦法，所有人都是死罪，于是一不做二不休，酒后趁机把所有人都放走了。随后他带着十几个人去芒砀山躲一躲。

半路上，突然出现一条巨大的白蛇挡路，所有人都不敢过去，醉醺醺的刘邦拔出佩剑将白蛇斩杀了，然后带队继续前进。被甩在后面的人经过斩杀白蛇的地方时，一个哭泣的老人突然出现，她说她的儿子是白帝子，变成白蛇后被赤帝子斩杀了，说完就消失了。迷信的众人都认为刘邦就是赤帝子，未来能当皇帝，这件事传出去以后，越来越多的人都来投靠刘邦。通过斩蛇树立了威信的刘邦最终决定起义，开始了他的反秦事业。

刘邦　项羽

第四章 楚汉争霸

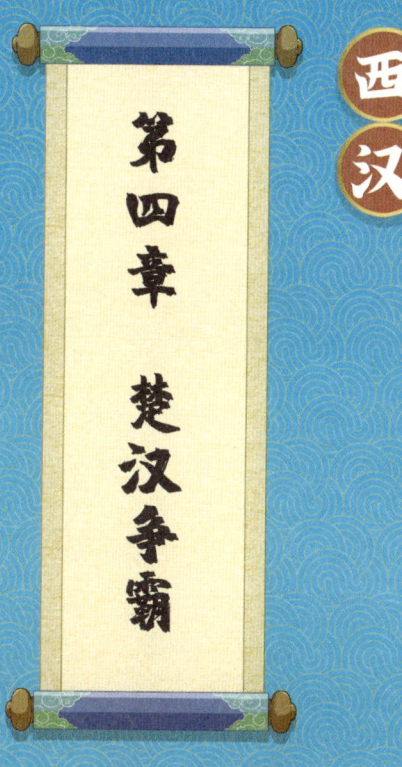

西汉

虽然刘邦在鸿门宴上逃过一劫，但项羽和范增却将他分封到了荒凉又偏僻的蜀地，这种流放一样的待遇让刘邦很不满，当场就想和项羽拼命，被张良劝了下来。

> 项羽！我要跟你拼了！

> 大哥大哥，算了算了，我们还是去蜀地吧！

张良

最终刘邦只好硬着头皮去了荒无人烟的蜀地，入蜀的道路很多都是架在悬崖上的栈道，环境恶劣，危机四伏，刘邦的兵马死的死逃的逃，损失惨重。

> 汉王你快看！我们又有士兵掉下山崖啦！

> 不看！我有点恐高啊！

萧何

第四章 楚汉争霸

在汉军九死一生到达蜀地以后，刘邦一把火把来时的栈道全烧了，故意造成自己钻进蜀地就不打算再出来的假象，项羽得知这件事以后就对刘邦放松了警惕。

出山的栈道都烧了，看来刘邦是不打算出来了！

烧毁栈道后，刘邦的后勤主管萧何负责招兵买马壮大汉军实力，时刻准备着走出蜀地。

粮食够不够？士兵招得多不多？

老萧真靠谱！

在刘邦进入蜀地的时候，有一个人加入了汉军的队伍，他打破了当时升职最快速度的纪录，从一个实习生连升多级做了大将军，他就是韩信。

咦？他不是我们营里的小兵吗？

以后大家可以叫我阿信将军。

韩信

061

韩信原本是个十分贫穷的百姓，他不会种田也不会经商，还因为惹祸失去了考试当官的资格，每天厚着脸皮去朋友家蹭饭吃，但他却喜欢研究兵法。

> 你把菜做得这么难吃！就想赶我走吗？我觉得你是想让我永远在这儿！你是欲擒故纵！

> 你还是赶紧走吧，别让我见到你，嘤嘤嘤！

韩信一直有一个当大将军的梦想，在天下大乱的时候去了项羽的军队找工作，他把自己引以为傲的军事天赋展现给项羽，果不其然，项羽安排他……

> 嗯！你就去做门卫吧！

在项羽手下得不到重用的韩信果断辞职，转头去了汉王刘邦的军队，终于得到了萧何的赏识。

> 你可真是个军事奇才啊，真想叫你一声韩信大哥！

> 您才是我大哥，升职加薪的事就拜托您啦！

第四章 楚汉争霸

萧何向刘邦推荐韩信，刘邦却并不重视，韩信觉得刘邦和项羽一样不识货，就走了，萧何在一个月夜把韩信追了回来，最终说服刘邦让韩信做了大将军。

> 大半夜的您怎么突然出现了？

> 今晚月色这么美，为了追你我差点跑断腿啊！

几个月后，刘邦决定率军冲出荒凉的蜀地争夺天下。此时韩信通过军训已经把汉军的实力提升了一个档次，他一边派人去修当初被刘邦烧毁的栈道，一边暗中派兵绕路偷袭关中的陈仓。

明修栈道！

暗度陈仓！

陈仓是雍王章邯的地盘，韩信对陈仓发动突然袭击，章邯率军抵抗，当初吊打各路义军的秦国名将竟然被一个刚带兵不久的将领韩信打得落花流水。

> 被一个没作战经验的新人打成这样，好丢脸啊！

> 我虽然没经验，但我有天赋啊！看打！

在韩信的带领下，汉军几乎战无不胜，在击败章邯以后，很快又击败了塞王司马欣、翟王董翳（yì），得到了富饶的三秦地区。

> 大王指哪儿，我打哪儿！

> 那我要指向——天下！

刘邦跳出了蜀地囚笼，项羽不高兴了，张良见状赶紧帮助刘邦给项羽写信，一边表示汉军不会继续抢地盘，一边挑拨齐国和项羽的矛盾。

> 小弟我会很乖的，听说齐王骂你，换作我我可忍不了！

> 你这次要说话算话哦！我这就去收拾齐国！

第四章 楚汉争霸

勇猛无敌的项羽带兵击败齐国，齐王田荣被杀，楚军在齐国的城镇烧杀抢掠，投降的齐军俘虏也都被杀了，楚霸王项羽得了个残暴的名声，人气越来越差。

> 老规矩，杀俘虏，放大火！

> 大王，小心烧到你自己啊！

齐国人被项羽的残暴行为惹怒了，他们联合起来，在齐国贵族田横的带领下对抗楚军，齐楚两方在城阳打了起来，一时之间难分胜负。

> 一群业余的民兵也配和我对抗？

> 你这个残暴的楚霸王，我们就是要跟你对抗到底！

田横

假装很乖的刘邦趁项羽不在家，马上就带领魏王、殷王、河南王等诸侯组成约60万联军一起攻打楚国，不久便占领了项羽的老家彭城，得意的刘邦在项羽的宫殿开酒会搞联欢。

> 项羽又被我忽悠啦，哈哈哈！

065

项羽得知刘邦攻打自己,就把楚军主力留下继续进攻齐国,自己带着3万楚军骑兵飞速冲回彭城,在凌晨对刘邦发动突然袭击。

仅仅半天的时间,刘邦组织的60万左右联军就被项羽的3万人打垮了,楚军前后打败了20万汉军,还捉住了刘邦的父亲和老婆吕雉,刘邦本人也被楚军团团包围。

正当楚军准备干掉刘邦的时候，突然一股强劲的西北风向楚军吹了过来，刘邦趁楚军大乱，带着自己的两个孩子和十几个手下逃走了。

> 好机会，快跑，让项羽喝西北风去吧！

刘邦在逃跑的过程中被楚军追杀，他为了方便脱身，竟好几次将自己的儿子和女儿踢下了车，但每次都被他的手下夏侯婴给救了回来。

> 大王！您怎么总是把孩子踢下车？

> 我踢的是累赘！命都要没了还要孩子干吗！

刘邦拼命飞奔，终于逃回了自己的地盘荥(xíng)阳，这一次汉军损失惨重，当初被刘邦打服的诸侯小弟纷纷背叛刘邦，转头又认项羽做了大哥，楚汉之间第一次交锋以刘邦惨败告终。

> 被项羽收拾成这样，好丢脸啊，嘤嘤嘤！

> 哭什么哭？大王您不是一向不要脸……哦不，是一向不看重脸面的吗？

夏侯婴

很快，项羽就带兵攻打荥阳，刘邦没有正面对抗，而是一边守城，一边派人在项羽背后搞小动作。

刘邦和项羽在荥阳对峙的时候，韩信率领汉军进攻魏国，魏王豹被俘虏，魏国灭亡；紧接着韩信又马不停蹄灭掉了代国和赵国。燕国见韩信这么厉害，最后也投降了。

灭掉四国的韩信继续向东攻占了齐国都城临淄，齐王田广和楚国将领龙且（jū）组成联军抗击韩信，却被韩信放大水给淹了，齐楚联军大败，龙且被灭。

开闸放水，请你洗澡！

韩信，你也太阴啦！

韩信在北方的战场上势如破竹，而刘邦在南边的城池里却是危机四伏，项羽派兵绕后方切断了刘邦的粮道，后方的粮食运不到荥阳，谋士陈平给刘邦出了个阴招。

粮食再运不来，我就要饿死啦，嘤嘤嘤！

项羽有勇无谋，只要除掉他的军师范增，项羽就任凭我们忽悠啦！

陈平

在刘邦的各种阴损挑拨下，天真的项羽不再信任范增，范增一气之下离开了楚营，最后在路上病死了。

"项羽你个傻小子，我是救不了你了，气死我啦！"

范增

令刘邦没想到的是，失去了"脑子"的项羽对荥阳发动了更加猛烈的进攻，陈平让一个汉将纪信假扮成刘邦向项羽投降，刘邦趁机跑了。

"刘邦，你遮着脸干吗？没有颜面见我吗？"

"好机会，开溜！"

接下来的楚汉战斗中,项羽追,刘邦就跑,项羽停,刘邦也停,同时韩信也从背后进攻楚国,项羽回去援救,刘邦从正面打楚军,项羽来回奔走,被折腾得很惨。

背后偷袭好没素质!有本事正面和我打一架!

遛狗的快乐,你不懂!

腹背受敌的项羽实在折腾不动了,只好向刘邦求和,他把之前捉到的刘邦的父亲和老婆送了回去,双方以鸿沟为边界,东边归项羽,西边归刘邦。

我把你家人都送回来了,你这次不会再忽悠我了吧?

不会不会,你知道我一向很讲信用的!

楚汉和好以后，项羽带兵向东撤退，一向不讲信用的刘邦偷偷联系将领韩信和彭越，让他们和自己一起趁项羽撤军的时候搞偷袭，结果韩信、彭越都没来，刘邦反过来被项羽打了一顿。

> 你这老狐狸，又忽悠我！看打！

> 被手下大将放鸽子，搞偷袭还被反打，好尴尬啊！

对不听话的韩信和彭越，刘邦很无奈，在张良的建议下，刘邦给韩信和彭越每人一大块封地。

> 不给点好处，他们不会拼命的！

> 给给给！只要他们听话，要啥给啥！

得到了封地的韩信和彭越这一次终于出兵救援刘邦，刘邦、韩信、彭越等几路汉军会合后，兵力有绝对优势，项羽只好撤退到了垓（gāi）下。

> 项羽，你已经到了山清水秀……哦不，到了山穷水尽的地步啦！

> 要打就打，哪儿那么多废话！

第四章 楚汉争霸

勇猛的项羽带着自己的10万楚军正面冲向了30万汉军主力,但却被韩信击败,项羽带着残兵又逃回了垓下。

正面打不过我!净玩儿阴的!

打仗靠的是智商!光勇猛是没用的!

此时楚军只剩少数残兵,粮食也吃没了,刘邦带着几十万大军将垓下团团包围,他还让汉军搞了一场楚歌大合唱,本就士气低落的楚军听到家乡的音乐后更加难过,失去了战斗意志,这就是"四面楚歌"、"十面埋伏"这两个成语的由来。

来,今晚是楚国金曲演唱会!大家一起唱!

这是家乡的歌啊!

我好想家啊,嘤嘤嘤!

073

楚歌日夜不停，循环播放，项羽在帐篷中喝酒，爱人虞姬为他跳舞助兴，项羽唱起了悲歌，两人做了最后的道别，最终虞姬自尽，这就是"霸王别姬"的故事。

霸王别姬

> 力拔山兮气盖世，时不利兮骓（zhuī）不逝。骓不逝兮可奈何，虞兮虞兮奈若何！

虞姬

绝境之中，项羽带着 800 骑兵从垓下成功突围，汉军派 5000 骑兵追击，项羽一边跑一边战斗，一个人就杀掉了上百汉军，但最终寡不敌众，带着 20 多个手下逃到了乌江（今安徽省马鞍山市和县乌江镇）边。

乌江的另一边就是项羽最开始起兵的江东地区，项羽如果渡江回去，还有机会东山再起，但是项羽实在太好面子不肯回去，最终在乌江边上自尽了，时年30岁，史称"乌江自刎"。

> 我带了8000江东子弟出来，最后一个也没带回来，脸都没了，还要什么命啊！

> 霸王，坐船回江东吧，保命要紧！

项羽自尽后，楚汉之争以汉王刘邦的胜利告终。公元前202年，刘邦称帝，史称"汉高祖"，大汉王朝建立。

> 从乡村保安队队长到皇帝，54岁的朕总算事业有成啦！

秦汉百科小贴士

中国象棋

在中国象棋的棋盘中间写着"楚河汉界"四个字，据说这代表的就是当初项羽和刘邦两军对峙的鸿沟。在鸿沟对峙的时候，项羽隔着鸿沟挑衅刘邦，想和他一对一单挑，刘邦却根本不理他，还准备了项羽的十条罪状，当着楚汉两军士兵的面数落项羽，好面子的项羽气得面红耳赤，突然射出一箭击中刘邦的胸口，差点把刘邦射死。所以在中国象棋中有一个规则，就是"将""帅"不能碰面，否则下棋双方必然有一方会输。

> 项羽你小子四肢发达！头脑简单！智商情商都不在线，典型的没脑子！

> 竟敢面对面骂我，气死我啦！看我远程打击！

刘邦

第五章 君临天下

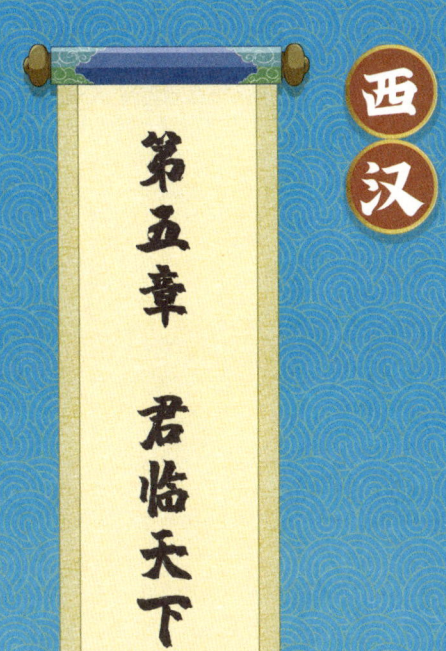

西汉

刘邦称帝以后，立国号为汉，将都城定在了长安，史称"西汉"。

为了让刚建立的王朝能站稳脚跟，刘邦开始笼络人心，刚称帝就给自己的创业团队分享胜利果实，很多有功之臣都被封了侯，他还让韩信、彭越等功臣做了异姓王。

第五章　君临天下

一次，刘邦在宴席上和臣子讨论自己为什么能创业成功当上皇帝，他重点夸奖了张良、萧何、韩信三人的功绩，他们三个也被后世尊称为"汉初三杰"。

汉初三杰

运筹帷幄朕不如张良，治国安民朕不如萧何，领兵打仗朕不如韩信，但是朕重用了他们，这就是朕打败项羽的原因！

足智多谋的张良居然功成身退，拒绝了刘邦给他的封地，萧何留在朝中做了宰相辅佐刘邦。

老萧，我走啦，有缘再见。

张良

哎呀，你怎么这么早就要退休，不再考虑考虑吗？

萧何

而韩信既接受了异姓王的头衔，也接受了大片封地，走上了人生巅峰，汉初三杰选择了不同的发展方向，这也预示了后来他们截然不同的人生结局。

> 哈哈哈，我也做王啦！

> 大王，你就不打算做个皇帝吗？

刘邦和项羽在中原忙着打架的时候，北边的匈奴人趁机强大了起来，匈奴首领冒（mò）顿（dú）单（chán）于征服了北方多个部落成了匈奴霸主。

> 谁读不对我的名字我就打谁！

> 老大，南边有一个新成立的汉朝，他们肯定读不对你的名字。

冒顿单于

实力强大的冒顿单于率军向南进攻汉朝的领地，把刘邦手下的一个异姓王韩王信打服了，随后他们联手反抗刘邦。

> 强强联手！

> 天下我有！

韩王信

刘邦听说匈奴来了，就亲自率领 30 多万汉军攻打匈奴，结果因为他带领的先锋部队进军太快，被冒顿单于的 40 万匈奴人围困在白登山上整整七天七夜，史称"白登之围"。

当时正是寒冷的冬天，困在白登山上的刘邦又冷又饿，在陈平的建议下，刘邦重金贿赂冒顿单于的妻子，让她来劝冒顿放过自己。

最终匈奴人将包围圈打开了一个缺口放走了刘邦。虽然解除了危机，但身为大汉皇帝的刘邦竟然给匈奴人送钱保命，这件事还是有些丢脸的。

> 丢脸就丢脸吧！我还在乎那点脸吗？保命要紧啊！

白登之围后，刘邦感觉匈奴人还是很有实力的，加上自己国家新建不久，不宜发动战争，就只好认怂，开始采取与匈奴"和亲"的方式来维护和平。

> 朕把老刘家的女孩嫁给你，以后咱们就是亲家！再打架不合适了。

> 把公主送来，我就不打你！

刘邦本想把自己的女儿鲁元公主送到匈奴和亲，但是孩子的母亲皇后吕雉听说后开始一哭二闹三上吊，死活不同意，刘邦只好找了一个宫女假扮成公主送给了冒顿单于。

> 你来模仿她的脸！

> 再模仿我也不是大汉公主啊，嘤嘤嘤！

鲁元公主

刘邦和亲的策略最终让百废待兴的汉朝避免了与匈奴的战争，换来了和平发展的喘息机会，与游牧民族和亲的政策从此延续了好久好久。

> 用女儿换和平，这总不能算丢脸了吧！

> 但也没什么可骄傲的吧！

在刚刚建立汉朝的时候，刘邦在秦朝郡县制的基础上又分封了一些诸侯国，推行"郡国并行"的政策，如果匈奴算是汉朝的外患，那刘邦分封的异姓王就是汉朝的内忧了。

> 皇上，你最近黑眼圈好重啊！

> 朕担心异姓王造反，每天都失眠，嘤嘤嘤！

吕雉

在国家稳定以后，刘邦担心强大的异姓王影响自己的大哥地位，就亲自带兵打击异姓王，这些异姓王死的死，逃的逃，最后只有长沙王吴芮幸免。

> 朕对你还是很信任的，因为你很听话，而且没什么能力。

> 大哥您这是夸小弟还是骂小弟呢？

吴芮

在刘邦分封的异姓王中，实力最强的就是楚王韩信，刘邦认为自己打不过这个百战百胜的名将，就使阴招将他单独约出来抓了起来，把他从王降级成了淮阴侯。

> 在封地那么远多没意思，在长安做个淮阴侯怎么样啊！

> 你竟然过河拆桥啊！

韩信怨恨刘邦，想要造反，消息传到皇后吕雉那里，吕雉让萧何把韩信忽悠到长乐宫，下令早就埋伏好的士兵除掉他。

> 趁皇上不在家，你竟敢造反！你当我一个女人是好欺负的吗？

> 你们夫妻俩一个比一个狠啊，嘤嘤嘤！

韩信

当初韩信是靠着萧何当上大将军的，后来又是被萧何骗进长乐宫才遭吕雉处死，这就是"成也萧何，败也萧何"的由来。韩信为汉朝的建立立下汗马功劳，被后世尊为"兵仙"。

> 老萧！你当初说我国士无双，现在竟然背后给我两枪！

> 早就告诉你要低调，你不听我的有什么办法！

萧何

在韩信和彭越等异姓王被刘邦除掉以后不久，淮南王英布带兵叛乱了。

> 别的异姓王都被除掉了，我不叛乱难道等死吗？

英布

英布原本是项羽的手下，后来归顺了刘邦，他打仗十分勇猛，但最终还是被刘邦打败了，英布在逃跑路上被杀害。

> 朕给你这么好的待遇，你为啥要造反！

> 我也想当皇帝，看来这次当不成啦，嘤嘤嘤！

在平定了英布的叛乱后，刘邦回到自己的家乡沛县转了一圈，他大摆宴席请沛县的父老乡亲喝酒，还亲自奏乐，演唱自己的原创歌曲，与家乡人民载歌载舞，热闹了几天。

> 大风起兮云飞扬，威加海内兮归故乡，安得猛士兮守四方！

> 刘家老幺……哦不，皇上您真是歌舞全才啊！

刘邦平定了所有异姓王以后，将他们的地盘全都重新分封给了自己的亲兄弟和儿子们。

比起异姓的外人，还是同姓的自家人可靠啊！

刘邦吸取异姓王造反的教训，就和将领们搞了个杀白马的仪式，立下大汉天下"非刘氏不王"的盟约，史称"白马之盟"。

你们把今天的会议精神再重复一遍！

以后只要出现不姓刘的异姓王，我们一定除掉他！

在平定英布叛乱的战斗中，本就带病出征的刘邦还中了一箭，回到长安后就一病不起了。公元前195年，62岁的汉高祖刘邦拒绝治疗，在长安的长乐宫驾崩。

皇上，其实你还可以抢救一下！

生死都是天意，有什么好抢救的，不必了！

乡村保安队队长刘邦从沛县开始创业，虽然屡战屡败，多次被逼入绝境，但总能以超凡的忍耐力和过人的政治情商让自己东山再起，最终击败不可一世的霸王项羽，做了皇帝。

> 我百战百胜，只输了一次！最终乌江自刎。

项羽

> 我屡战屡败，只赢了最后一次！最终做了皇帝！

刘邦

刘邦去世后，他和皇后吕雉的长子刘盈继承皇位，史称"汉惠帝"，刘盈当时只有16岁。其实刘盈还是太子的时候差点被刘邦废掉，最终靠着母亲吕雉的帮助才顺利继位。

汉惠帝

> 你叫刘盈，必须得赢！

> 母后您真厉害！厉害得让我有些害怕……

刘盈

秦汉百科小贴士

胯下之辱

韩信早年在家乡淮阴县时十分穷困，他不务农不经商，就知道蹭吃蹭喝，好多同龄人都看不起他。一个强壮的屠夫看韩信十分不顺眼，就在大街上侮辱韩信，逼迫韩信在大庭广众之下从他的胯下钻过去。韩信本可以一剑杀掉屠夫，却还是忍气吞声从屠夫的胯下钻了过去，所有人都笑话韩信胆子很小。

后来韩信做了汉朝的异姓王，找到了曾经让他承受胯下之辱的屠夫，而韩信不但没有报复他，反而封赏他做了官。

后世用韩信的"胯下之辱"来比喻有才能的人在未显达时能够暂时忍受耻辱。

要不是你当初让我学会隐忍，我就不会有今天这样的成就啊！

您真是大人有大量啊！

刘弘　刘盈　刘恭

第六章 吕后称制

西汉

秦朝末年，刘邦起义后带兵四处征战，家中的老人孩子全靠妻子吕雉照顾。

> 阿邦，你放心出去打拼！我会替你好好撑起这个家！

> 上有老下有小，辛苦你了！

刘邦和吕雉有一双儿女，生活虽然不富裕但也算和睦，然而这阖家欢乐的状态很快就被打破了，刘邦在外征战的时候娶了戚夫人，并且和她有了一个儿子刘如意。

> 咱们拍全家福，这两个乱入的是哪来的？

> 他们也是咱的家人啊，来一二三，茄子！

刘邦成为皇帝，吕雉也做了皇后，而刘邦更宠爱戚夫人，皇后吕雉被冷落了。

当年嫁给刘邦以后，吕雉做过家庭主妇，做过项羽的俘虏，受尽苦难的同时也得到了锻炼，本就聪慧的吕雉变得更加刚毅机敏，失去爱情后，她把精力投向了事业。

为了提高自己在朝中的威信，吕雉先是和丞相萧何合谋干掉了已经被贬为淮阴侯的韩信，又劝说刘邦杀掉了梁王彭越，吕雉的铁腕手段赢得了很多大臣的认可。

吕雉在工作上帮了刘邦很多忙，但在生活中，刘邦还是更宠爱戚夫人。戚夫人仗着刘邦对她的偏爱，提出让刘邦废掉太子刘盈，立自己的孩子刘如意当太子，刘邦同意了。

> 那个老太婆……哦不，吕皇后不喜欢我们母子，早晚会杀了我们的。

> 戚戚不怕！朕把太子改成如意就没人敢欺负你们啦！

虽然大臣反对，但刘邦还是坚持要立戚夫人的孩子刘如意当太子。

> 如意如意，如朕心意，换太子的事就这么定了！谁再劝朕朕就和谁急！

吕雉见亲生儿子的太子之位要被情敌的儿子抢走，就派人把足智多谋的张良抓了过来，强迫张良给她出主意。

> 皇后，我们把张良给您抓来啦！

> 别瞎说，我什么时候说抓了！明明是请！还不赶紧给先生松绑？

第六章 吕后称制

张良给吕雉推荐了四个人,他们是四位德高望重的隐居老人,被称为"商山四皓"。吕雉请他们出山辅佐太子刘盈。

商山四皓

东园公　绮里季　夏黄公　甪里先生

这四位老先生以后就是你的护身符!

他们看起来都这么老,还有力气保护我吗?

"商山四皓"一直跟随在刘盈身边,有一次在宴会上,刘邦看见刘盈身边站着四位老人,得知四人就是"商山四皓"后大吃一惊。

朕当初多次请你们都被拒绝,现在居然追随我的儿子?为什么呢?

陛下不喜欢读书人,还总骂人,我们害怕;听说太子尊重读书人,我们就来了。

刘邦见刘盈得到了"商山四皓"的辅佐，放弃了换太子的想法。

> 戚戚啊，太子的势力太壮大了，朕没法废掉他了！

> 那我以后可怎么办啊，嘤嘤嘤！

公元前195年，汉高祖刘邦去世，太子刘盈继位，即汉惠帝，他实施仁政，减轻赋税，先后任用萧何和曹参为丞相，推行休养生息政策。

> 战争打得太久了，国家需要喘息，朕要做一个仁君！

刘盈

刘盈做了皇帝，一手把他扶上皇位的吕雉成了吕太后，而戚夫人就惨兮兮了。

> 朕君临天下！

> 我母仪天下！

> 我……嘤嘤嘤！

第六章 吕后称制

吕雉刚晋级做了皇太后就把刘邦曾经的妃嫔们全都囚禁了起来，头号情敌戚夫人每天都在破旧的牢房做苦力。

> 你不是先帝的小戚戚吗？不是气我吗？现在怎么不嚣张了？

> 小戚戚现在变成了惨戚戚啊！

在囚禁戚夫人以后，吕太后又要除掉戚夫人的儿子刘如意，却被善良的汉惠帝刘盈挡了下来，他时刻把同父异母的弟弟刘如意带在身边，吃饭睡觉都在一起。

> 如意弟弟放心，哥哥一定会保护你的！

> 有皇帝贴身保护，我不好下手啊！

099

有一次刘盈早起外出打猎，刘如意睡了懒觉。趁刘盈不在宫里，吕太后马上派人把刘如意毒死了，此时刘如意只有 11 岁。

暗中观察了这么久，终于把刘如意干掉啦，哈哈哈！

刘如意去世后，吕雉又用极其残忍的方式把戚夫人做成"人彘（zhì）"扔到了茅厕里，之后竟然还把刘盈叫过来参观。

儿子快看，这是你母后最得意也是最有味道的作品啦！

好残忍啊！干出这种事的人好没人性啊！

刘盈就这样被吓出了病，一病就是一年，之后的刘盈不再好好做皇帝，开始整天饮酒玩乐，几乎什么都听吕太后的。

太后做事这么残忍，作为儿子的我看来也做不成仁君了，我不干了，我旷工！

第六章　吕后称制

吕太后说啥刘盈都照办，后来她竟然把自己的亲外孙女张嫣嫁给儿子刘盈做了皇后，汉惠帝很不情愿却也无可奈何。

让朕娶11岁的亲外甥女做皇后？您是在开玩笑吗？

让你娶就娶！哪那么多废话！

张嫣

刘盈和皇后张嫣一直没有孩子，吕雉就让张嫣假装怀孕，然后把刘盈和一个宫女的儿子带来，假装是皇后张嫣生的孩子，随后杀了那个宫女。

以后他就是你们的孩子了，就让他当太子吧！

朕和皇后怎么有孩子了？您这是在表演大变太子吗？！

101

一直生活在母亲阴影下的刘盈心情一直很差，逐渐抑郁成疾，公元前188年，年仅23岁的汉惠帝刘盈去世，吕后立了年幼的太子刘恭为皇帝，史称"西汉前少帝"。

> 我选择傀儡……哦不，我选择皇帝就两个标准：年幼、听话。

刘恭

刘恭的年纪很小，吕后借机临朝称制[①]，正式接手皇帝的工作，成为大汉王朝实际意义上的女皇帝。

> 当初上有老下有小，我一手撑起一个家，现在上有天下有地，我要一手撑起天下！

[①] 临朝称制：由皇后、皇太后或太皇太后等女性统治者代理皇帝（掌握国家最高权力、行使皇帝权力）。——编者注

吕太后掌权后，吕家的亲戚们全都跟着沾了光，先后有十几个吕氏家族的人做了王侯，汉朝天下再次出现了很多异姓王。右丞相王陵高调提出反对，吕太后直接就给他降了职。

当初先皇立下白马之盟，只要出现不姓刘的异姓王就要除掉！

现在是我立规矩的时候！我就要封异姓王！你能把我怎么样？

除此之外，吕太后还逼死了赵王刘友和梁王刘恢，可见吕太后的权力特别大。

当初我能除掉异姓王，现在除掉刘姓王也不在话下！

几年后，一直像木偶一样被吕后操纵的年幼皇帝刘恭渐渐懂事，了解了自己的身世后，就说了些怨言，吕太后知道后马上就把他从皇位上拉了下来，随后就把他暗杀了。

吕太后竟然害死了我的亲生母亲？等我长大一定要为母亲报仇！

做白日梦，还想报仇？真是不想活了！

公元前 184 年，吕太后除掉西汉前少帝刘恭后又立了刘盈的另一个儿子常山王刘义为皇帝，还给他改名为刘弘，史称"西汉后少帝"。

> 改个名字就有糖吃，要是能天天改名就好啦！

> 铁打的实权太后，流水的傀儡皇帝，哈哈哈！

刘弘

　　很快，大汉天下的王侯将相几乎都变成了吕太后的娘家人和亲信，刘家天下几乎变成了吕家天下，吕雉开启了汉朝外戚专权的先河。

外戚集团

> 怎么有这么多姓口口的人，看起来好凶啊！

> 陛下，那个字念"吕"，以后可不要叫错了，这些人你惹不起啊！

第六章 吕后称制

吕氏的势力越来越大，一些刘姓的皇族和大臣一直明里暗里和他们对抗。公元前180年，吕太后病逝，拥护刘姓皇族的官兵马上起兵攻打吕氏家族，在大臣周勃、丞相陈平和齐王刘襄的里应外合下，吕氏家族被彻底铲除。

> 不论男女老少，只要是吕家的人一个不留！

除了吕氏家族被清理外，西汉后少帝刘弘也被废了，因为大臣们认为刘弘并不是惠帝刘盈的亲儿子。

> 你是从垃圾堆捡来的，不是惠帝的亲生儿子，不能当皇帝了！

> 那朕岂不是没有糖吃了？

后来周勃、陈平等大臣经过商议，从众多刘姓王侯中选择了刘邦的儿子代王刘恒做下一任汉朝皇帝。

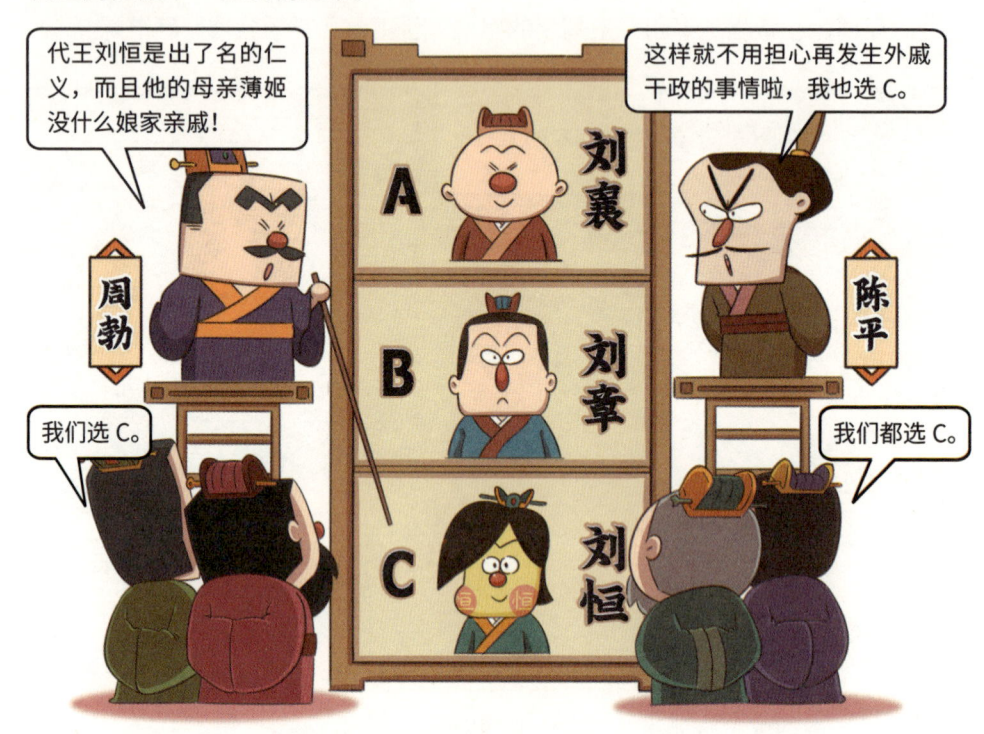

> 代王刘恒是出了名的仁义，而且他的母亲薄姬没什么娘家亲戚！——周勃

> 这样就不用担心再发生外戚干政的事情啦，我也选 C。——陈平

> 我们选 C。

> 我们都选 C。

A 刘襄
B 刘章
C 刘恒

公元前 180 年，代王刘恒来到长安继承皇位，史称"汉文帝"。

> 这些年战争太多了，朕觉得国家应该好好休息休息了！——刘恒

秦汉百科小贴士

戚夫人歌

据说戚夫人擅长跳舞,是汉代女舞蹈家的代表人物之一,她跳的翘袖折腰之舞更是把汉高祖刘邦迷得神魂颠倒。在刘邦驾崩后,一直嫉妒戚夫人的吕太后把她关进了关押犯人的永巷,让她舂(chōng)米做苦役。一直备受皇帝宠爱的戚夫人地位一落千丈,她十分痛苦,而且很想念自己在远方做赵王的儿子刘如意,就在舂米的时候编唱了一首《舂歌》。这首《舂歌》在文学史上具有重要的地位,歌词的后四句是最早见于正史记载的五言诗,后世也把《舂歌》称作《戚夫人歌》。

> 子为王,母为虏。终日舂薄暮,常与死为伍!相离三千里,当谁使告汝?

> 儿子啊,你为赵王,而你的母亲却成了奴隶。整日舂米一直到日落西山,还经常有被害的危险。与你相隔三千里,应当让谁去给你送信,告知你呢?

刘恒　刘启

第七章　文景之治

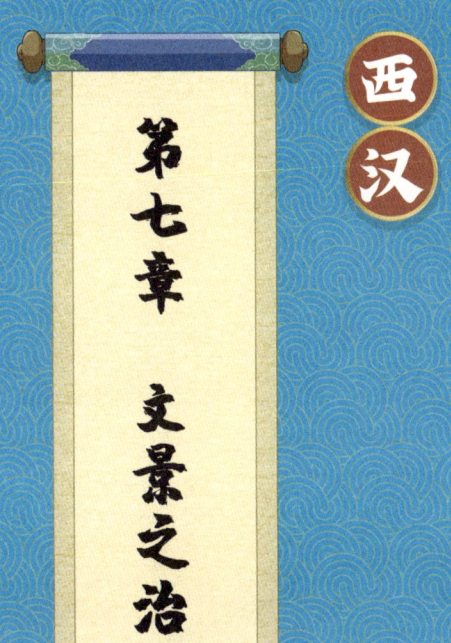

西汉

由于连年的战争，在汉朝刚刚建立的时候，国家一穷二白，民不聊生，就连皇帝刘邦的马车都找不到相同颜色的马来拉。

> 朕好歹是个皇帝，用颜色这么花哨的马有点不够霸气啊！

> 好歹您还有马车，我们大臣穷得只能坐牛车来上班啊！

汉高祖刘邦和汉惠帝刘盈都颁布过很多休养生息的政策，吕太后在掌权的时候也推行了减免徭役、鼓励农耕等发展政策。

> 只有百姓好，大汉才能真的好！

刘邦 **吕后**

但是，从刘邦建立汉朝到吕太后掌权期间，大大小小的对内对外战争不断，外戚集团与刘姓皇族明争暗斗，不稳定的政局和接连的战争，导致国家无法好好发展。

> 都说家和万事兴，你们老刘家总是和我作对，这天下还怎么发展？

> 明明是你老吕家想取代我们刘家的江山吧！

第七章 文景之治

其实皇帝治理天下就和百姓居家生活差不多，铺张浪费会导致家境败落，勤俭奋斗就会攒下财富。在铲除了吕氏外戚集团后，刘家天下终于迎来了一位经济适用型的好皇帝，他就是汉文帝刘恒。

> 吕氏和刘氏的家庭矛盾解决了，终于轮到我这个居家好男人出场啦！

刘恒

刘恒是刘邦的第四个儿子，他的母亲是薄姬，薄姬原本是魏王豹的老婆，据说有一次魏王豹请人给薄姬算命。

> 魏王夫人将来生下的儿子会成为天子！

神算子

> 我们的儿子是天子，那我一定也是天子啊！

薄姬

不久后魏王豹被刘邦击败身亡，他的夫人薄姬从王侯夫人沦为干杂活的女工。

> 他哭着对我说，算命的都是骗人的。

> 魏豹大人有没有留下什么遗言？

111

后来薄姬跟从了刘邦，还为刘邦生下了儿子刘恒，即便如此，相貌平平的薄姬还是很少能见到刘邦。

> 只是我的眼光比较高。

> 你就是嫌我丑是吧！

在刘邦去世后，大权独揽的吕太后肆意迫害其他妃嫔甚至皇子，唯独放过了在代地（山西北部）的薄姬和被封为代王的刘恒。

> 你为人低调，长相平庸，对我没威胁，所以就放过你们吧！

> 连你也嫌我丑是吧！

吕太后去世后，刘姓皇亲一起推翻了吕氏的势力，随后大臣们通过开会决定让代王刘恒继承皇位，公元前180年，23岁的刘恒继位，史称"汉文帝"，薄姬成了薄太后。

> 惊喜就是天上掉下来一个皇冠砸到了朕的头上。

> 算命的有时候也挺准，我还真的生了个天子啊！

汉文帝　薄太后

第七章 文景之治

刘恒刚当上皇帝就让自己最信任的人掌控军队，随后开始封赏功臣，给曾经被吕太后废掉的刘姓王公恢复爵位和封地，又大赦天下。

> 这都是笼络人心、巩固地位的基本操作。

当时受分封的刘姓王公都爱住在繁华的长安，离自己的封地很远，还需要手下大老远从封地运送钱财物资给他们，刘恒看不下去，就下命令让住在长安的王公回到自己的封地去。

> 我的封地又远又偏，啥都没有，我才不想去呢！

> 是啊，还是长安好，灯红酒绿我喜欢！

> 都给朕滚回封地去！

汉朝自建立以来，实力强大的诸侯王时刻威胁着皇帝的统治，刘恒先后镇压了济北王刘兴居和淮南王刘长的叛乱，同时北边的匈奴人也经常背叛和亲盟约，隔三岔五就来汉朝抢一把。

> 唉，朕想安安静静搞发展，却总有亲戚和匈奴想害朕啊！

113

就在刘恒对国家的诸多问题感到苦恼时，他年轻的治国顾问贾谊给了他一些建议。

一、多封诸侯王。

在原有的诸侯王的封地上分封更多的诸侯，从而分散削弱他们的势力。

分的诸侯越多，他们的力量就越小，也就对朝廷没什么威胁了！

贾谊

二、重农而抑商。

重视农业生产，抑制商业发展。

农户辛苦劳动得到的粮食都给商人吃了，这可不公平！改！

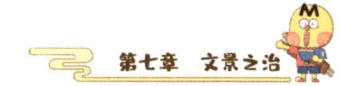

三、"德战"治匈奴。
实行拉拢匈奴民众的策略，以求分化匈奴的势力。

匈奴首领做梦也想不到，我们已经和边境的匈奴成了好朋友啦，哈哈哈！

刘恒对贾谊的建议大加赞赏，尤其是对匈奴的政策为汉朝赢得了很久的和平发展机会，重农抑商和多封诸侯王的策略更是影响深远。

小贾的建议真不错，朕会慢慢施行的！

有一个和贾谊同岁的年轻官员晁错提出了"入粟拜爵"的政策，就是只要百姓给边境交足够的粮食，就可以做官或者免罪。

刘恒推行"轻徭薄赋"的政策，曾经两次减免天下的赋税，还规定成年男子每三年才服徭役一次，这些政策提高了百姓的生活质量，让他们的幸福感飙升。

在律法上，刘恒吸取秦朝严苛刑罚的教训，废除了一人犯事全家获罪的"连坐"法，还废除了断手断脚这些残酷的刑罚，改为笞刑和杖刑，就是用鞭子或者棍子抽打。

第七章 文景之治

在军事上，刘恒对北方的匈奴势力一直采取防御性策略，能和平解决的事情绝对不动手；同时大力支持国内养马事业，为汉朝后来强大的骑兵力量打下了基础。

朕虽然追求和平，但也要积极发展国防力量！这就叫居安思危！

在刘恒休养生息的政策下，粮食丰收、人口增长、经济繁荣，当初一穷二白的西汉王朝逐渐富了起来，而刘恒却依旧以身作则地贯彻俭朴的作风，身为皇帝的他总是穿着朴素的衣服鞋子，从未花钱给自己的宫殿搞装修，更不搞什么娱乐设施。

皇上，您这套衣服穿了这么久，还是换套新的吧！

不换，穷皇帝富国家，该省省该花花！

公元前 157 年，汉文帝刘恒驾崩，他在位 23 年，推行仁政、躬行节俭、励精图治，开启了一段盛世。在他去世后，太子刘启继位，就是汉景帝。

> 朕兢兢业业谱写的盛世华章这就曲终人散了？

> 人虽然散了，但是华章我会继续谱写下去！

刘启

刘启即位后，把自己的老师晁错提拔为御史大夫，升职加薪的晁错干劲十足，提出了一个大胆的想法：削藩。

> 外边那些诸侯王早晚造反，不如咱们先下手削了他们！

> 老师您能不能轻点比画，不然没等朕削藩，朕就被你给削了。

晁错是一个很有能力的大臣，在汉文帝时期就提出了很多利于国家发展的政策，汉景帝即位后更是十分信任他。在晁错的坚持下，刘启下达了削藩的诏令，利益受损的吴王刘濞（bì）决定造反。

> 刘启当初害死了我的儿子，现在还要没收我的地盘！我忍他好久啦！

刘濞

第七章 文景之治

原来当初刘濞的儿子刘贤来到长安找还是太子的刘启玩，这对堂兄弟在一起喝酒下棋的时候不知怎的就吵起来，暴躁的刘启一怒之下竟然用棋盘把刘贤打死了。

**过于残忍
不便描述**

失去儿子的刘濞从此记恨刘启，在听说朝廷要夺走自己的封地后，他马上就联合其他六个诸侯王一起造反，史称"七国之乱"。

刘贤
刘戊
刘卬
刘辟光
刘遂
刘雄渠

刘启敢削我们的地盘，我们就削了他的皇位！

119

得知七个诸侯王联合起来打着"杀晁错、清君侧"的旗号攻打自己，刘启慌了，只好杀了晁错以求七国退兵。

削藩的事是你提出来的，朕不杀你，他们不退兵啊！

杀了我也没用，他们是冲着你的皇位来的！

晁错

杀了晁错后，七国叛军果然没有退兵，反而势头越来越猛，刘启只好派周亚夫率军对抗七国叛军，周亚夫没有正面进攻，而是切断了叛军运粮通道，自己躲在城里坚守。

我就不出去，你接着喊吧，越喊越饿，饿死你们这群叛贼！

周亚夫

有种出来和我一战！别以为我吃不到外卖就怕了你！

咕咕咕

第七章 文景之治

又饿又累的叛军只好退兵，周亚夫趁机追上去一通乱打，叛军大败，刘濞被杀，周亚夫最终不负众望，只用了三个月就平定了七国之乱。

> 三个月完成任务，就问你牛不牛！

> 我怎么感觉我白死了啊，嘤嘤嘤！

刘启趁热打铁，将诸侯王的大部分地盘和权力收归朝廷，只给他们留下了一个郡大小的领地。

> 你们乖乖听话，自家亲戚就这样和和睦睦的多好！

> 你是开心了，我们却从一国之主降级成小小的郡守了，嘤嘤嘤！

平定了七国之乱后，刘启基本解决了汉朝诸侯割据的危机，然而朝廷后宫又出了些问题。

> 好不容易把外地的亲戚们搞定了，家里的老婆们又冒出来没事找事，朕好累啊！

121

刘启的姐姐叫刘嫖（piāo），在她得知刘启的妃嫔栗姬的儿子刘荣做了太子时，就主动去找栗姬交朋友，却被栗姬狠狠拒绝。

好弟妹，我想把我的女儿嫁给你的儿子。

这谁啊！我不认识你，给我出去！

刘嫖

栗姬

刘嫖好歹是个长公主，被栗姬拒绝后非常气愤，马上就去找刘启的另一个妃嫔王娡（zhì）交朋友，王娡马上就同意了刘嫖结亲的要求，尽管王娡的儿子刘彻此时才4岁。

好弟妹，我想把我的女儿嫁给你的儿子。

好啊，结个娃娃亲，咱们就是自己人啦！

王娡

长公主刘嫖记恨栗姬，妃嫔王娡也想让自己的儿子争夺太子之位，她们就这样组成了针对栗姬和太子的复仇者联盟。

弟弟，那个栗姬总在背后说你坏话！

什么？！

本不该我多嘴，但是敢说皇上坏话这事臣可忍不了啊！

第七章 文景之治

在长公主刘嫖和王娡的算计下，最终太子刘荣被废，栗姬也抑郁而死，王娡成了皇后，她的儿子皇十子刘彻成为太子。

> 我就是未来太后啦！

> 我女儿就是未来皇后啦！

刘彻

虽然经历了七国之乱和换太子风波，但这些事并没有影响刘启的治国事业，他在汉文帝刘恒休养生息的基础上进一步加强惠国利民的政策，大汉天下依旧蒸蒸日上。

> 不论经历了什么不开心的事，也要好好工作，好好生活嘛！

在刘启当家时期，匈奴和汉朝没有经历大规模战争，在这种情况下汉朝却出了一个让匈奴闻风丧胆的将军，那就是被称为"飞将军"的李广。

但使龙城飞将在
不教胡马度阴山

> 射箭准，下手狠，匈奴都被我圈粉！

李广

123

公元前 141 年，在位 16 年的汉景帝刘启驾崩，在他和父亲汉文帝刘恒两代帝王的励精图治下，大汉王朝变得十分强大，刘启更是解决了诸侯王威胁皇权的问题，加强了中央集权，文帝和景帝两代帝王的统治被后世称为"文景之治"，也被称为封建时期的第一个盛世。

刘启驾崩后，16 岁的太子刘彻继位，他就是汉武帝，在他即位的时候，汉朝粮仓里的粮食多到溢出来，国库里的钱也多到用不完，专属于官府的马匹就多达 40 万……总之就是富得流油。

> 爷爷和爸爸给朕留下这么雄厚的家底，朕一定要干一番大事业！

秦汉百科小贴士

亲尝汤药

汉文帝刘恒从小就十分懂事孝顺。在他还是代王的时候,有一次他的母亲薄姬生病了,刘恒亲自在床边照顾母亲,他天天为母亲煎药,每次煎完,自己总先尝一尝,看看汤药苦不苦,烫不烫,才给母亲喝。为了照顾母亲他吃不好睡不好,更是长时间连衣服都不换。薄姬一病三年,刘恒就这样悉心照料了三年,从不懈怠。

刘恒亲尝汤药的孝顺行为被后世传颂千年,被编进了典籍"二十四孝"之中。

> 温度适中,就是有点苦,不过良药苦口嘛!

> 天天为我尝药,好儿子真孝顺!

刘恒

刘彻

西汉

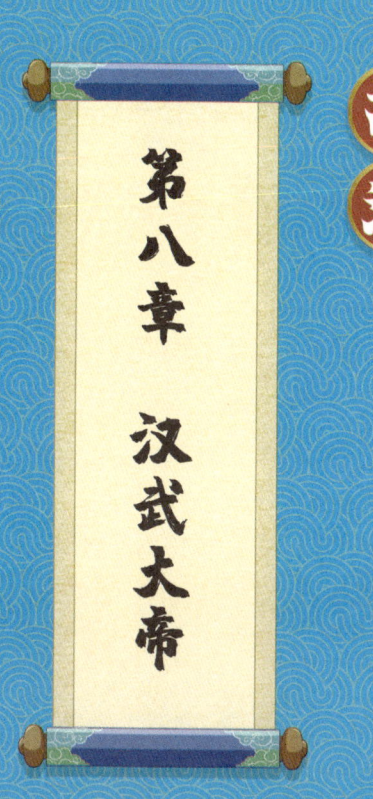

第八章　汉武大帝

刘彻是汉景帝刘启的第十个儿子，据说他有一个乳名叫刘彘儿，"彘儿"就是小猪的意思。

彘儿就是说我像小猪猪一样可爱哦！

刘彻

在母亲王娡、姑姑刘嫖，还有奶奶窦太后的操作下，前任太子刘荣被废，7岁的刘彻一跃成为新太子，也就是大汉江山的合法继承人。

三个女人一台戏，助小刘彻做皇帝！

一台戏

刘嫖　王娡　窦太后

第八章 汉武大帝

公元前 141 年，汉景帝刘启病重，他为太子刘彻举行加冠礼后不久便驾崩了，随即刘彻继位，即汉武帝。

> 换个新发型，戴上新帽子，成人礼搞定，你是个大人啦！

> 父皇，你脸色好像不太好啊……

刘启

文景之治给新任皇帝刘彻留下了一个充盈的国库，16 岁的他想要干一些大事。

> 朕要去揍匈奴！

> 皇上，您该去看窦太皇太后啦！

可是此时大权掌握在窦太皇太后手中，刘彻每天下班后都要向奶奶汇报工作。

> 奶奶，这是今天朝会的会议记录，朕给您念一下。

> 乖孙子越来越懂事了，不错！

129

窦太皇太后和一些异姓宗亲掌控着实权,年轻的刘彻很难有所作为,只好每天出去逛街或是骑马打猎来打发时间。

> 家里的七大姑八大姨影响朕的发挥,还是出去打猎吃烤肉吧!

公元前135年,窦太皇太后去世,22岁的刘彻终于掌握大权,他慢慢将朝廷里的大臣重新洗牌,全都换成自己的人。

> 从今天开始,朕说往东,看谁敢往西。

刘彻还要求各地推荐人才,他采纳思想家董仲舒提出的"罢黜百家,独尊儒术"的治国思想,从此儒学成为中国历代封建王朝的正统思想,影响后世2000多年。

> 诸子百家,朕只认儒家!

> 皇上您真是又有眼光又专一啊!

为了进一步把权力集中在自己手中，刘彻对拥有封地的列侯实行"推恩令"。以前各诸侯的地盘都由长子继承，推恩令就是要诸侯的所有后代都能继承土地。

> 列侯只让长子继承地盘，太偏心，朕要让你们所有的孩子都能继承！这就是朕的天恩！

> 别扯啦，三代人过后，县长变乡长，乡长变村长……

> 明明是变相削弱我们的势力和地盘，嘤嘤嘤！

推恩令的强制实施，让列侯逐渐丧失了权力，而刘彻的权力越来越大，有人称推恩令是"千古第一阳谋"。

> 朕对列侯用最光明磊落的方式推行了最阴险毒辣的政策，这就是朕的智慧啊！

推恩令

吃透中国史·秦汉

　　以前的汉朝皇帝对匈奴都十分温柔，每隔一段时间还要送公主过去和亲，只要能把对方哄高兴，能不动手就不动手，而刘彻对匈奴的态度则十分强硬。

老规矩，交钱、交粮、交公主。

一边去，什么老规矩，朕可不惯你们这臭毛病！

　　刘彻之所以敢和匈奴叫板，是因为他财大气粗，兵强马壮，他和父辈祖辈最大的区别就是他的雄心和胆量。

这孩子脾气怎么这么暴躁！

是啊，匈奴可不是好惹的！

刘彻手里还有两张王牌。有一次刘彻去姐姐平阳公主家玩，吃饭时平阳公主找了很多歌女表演助兴，刘彻一眼就喜欢上了其中一个名叫卫子夫的歌女。

你相信一见钟情吗？

皇上让我信，我不敢不信！

卫子夫

在平阳公主的撮合下，出身低微的歌女卫子夫嫁给了皇帝刘彻，后来更是做了皇后。和卫子夫一起来到刘彻身边的，还有她的弟弟卫青和外甥霍去病，两个人后来成为刘彻手中的"王炸"组合。

皇上，这是我的外甥和弟弟。

你的亲戚就是朕的亲戚嘛！

卫青

霍去病

卫青原本是平阳公主的保安,在姐姐嫁给刘彻后,他也就跟着做了官,卫青也很有能力,不到十年就成长为能独当一面的将军。

> 从保安到将军,我是凭真本事,才不是关系户!

公元前129年,刘彻第一次主动发起对匈奴的战斗,他派了四路大军进攻匈奴,其中两路兵败,一路迷失了方向,只有卫青率领的那路汉军在匈奴的圣地龙城大获全胜。

公孙敖:我败了。

李广:我不但败了,还被抓了。

公孙贺:我导航坏啦,找不到北啦,嘤嘤嘤!

卫青:我的表演才刚刚开始,哈哈哈!

第八章 汉武大帝

卫青善于骑兵作战，在后来的几年中，卫青经常带兵追着匈奴打，战无不胜，为汉朝夺得了富饶的河套地区，刘彻一高兴就奖励卫青做了大将军，地位和丞相差不多。

谁说匈奴不好对付，我不这么觉得！别跑！

公元前123年，卫青率领大军向北进军600里，横扫数万匈奴兵，在这次战斗中，卫青把外甥霍去病也带去了，想让他实践学习一下。

大人开会，小孩少说话，多学习！

好嘞，二舅！

135

有一天，霍去病带着 800 骑兵出门溜达，这一溜达就走出去几百里，还意外走到了匈奴的老巢，霍去病发动攻击，一战除掉 2000 多匈奴人，还把匈奴丞相在内的一群高官抓了回来。

> 我就随便溜达，偶遇匈奴的老巢，顺手就一锅端了！

> 我让你出来体验实习，你竟然把我超越了？！

霍去病一战成名，刘彻十分高兴，封霍去病做了冠军侯，这一年霍去病 17 岁。

> 你这孩子真是勇冠三军！朕封你做冠军侯吧！

> 我这算不算年轻有为呢？

两年后，19 岁的霍去病做了骠骑将军，他带着骑兵 6 天急行 1000 多里，灭了约 9000 匈奴人和好几个匈奴王，还抢走了匈奴人十分敬畏的祭天金人。

> 小金人什么的不值一提，表演继续！

几个月后，霍去病向西北方向孤军深入吊打匈奴，歼灭3万多匈奴兵，又俘虏了4万多匈奴贵族和百姓，几乎把汉朝西北方向的匈奴势力收拾干净了，史称"河西之战"。

我们好歹也是匈奴王，给个面子放了我们吧！

哼，什么匈奴王，现在我才是你们的王！

据说霍去病战功卓著，刘彻赏赐了他一坛好酒，霍去病把酒倒进了河西的一处泉水，从此这个地方就被叫作酒泉，也就是今天的甘肃省酒泉市。

> 我把皇上给我的美酒倒在这泉水里，大家一起喝，一起庆祝！

公元前119年，刘彻派卫青和霍去病各自率领5万骑兵找匈奴人决战，卫青遇到了匈奴主力，他在援军未到的劣势下，率军与匈奴骑兵正面拼杀，最终击溃匈奴。

> 要不是另外两路援军迟到，匈奴人一个也跑不了！

另一边的霍去病带着自己的骑兵向北穿越沙漠，长途奔袭2000多里，把匈奴打得落花流水，汉军从狼居胥山（一说在今蒙古国肯特山地区）一直进军到瀚海（今俄罗斯贝加尔湖）。

> 汉军居然能跑这么远！真是做梦也想不到啊！

> 我绕了这么远的路，就是过来打穿你们的！

这一战霍去病打败了 7 万多匈奴人，俘虏匈奴贵族、牛羊马匹无数，他登上狼居胥山举行祭天仪式，史称"封狼居胥"，从此封狼居胥成了中国古代武将最高荣誉的象征，而这位少年将军的英雄人生也即将谢幕，公元前 117 年，24 岁的霍去病病逝。

那年我 22 岁，鲜衣怒马，纵横天下，不知道什么叫作对手！

封狼居胥

漠北之战大获全胜，除了卫青、霍去病用兵如神外，作为后方总指挥的刘彻准备了十几万匹军马、几十万步兵为前线提供后勤支持，总之要人有人，要粮有粮。

> 所以说，大汉就是这么强悍！

刘彻做皇帝的职业生涯中，先后发动了将近 30 场对外战争，不断为汉朝开疆拓土，使得汉朝控制的疆域变得空前庞大。

> 不大不大，也就比原来大了一倍而已，哈哈哈！

刘彻总是派大军和别人打仗，打仗总是要花钱的，文帝和景帝省吃俭用几十年攒下的家底很快就要被刘彻花完了。

虽然刘彻花钱快，但其实他挣钱也很快，他修建水利工程、化身工程师亲自来监督黄河的治理，使得农民能安心种地，粮食的生产效率不断提高。

刘彻禁止私人铸钱，他用便宜的鹿皮做成钱券，让官员商人用铜钱来购买，回收了大量实打实的财富，还按照百姓的贫富程度来收税，富人多缴，穷人少缴。

> 朕会做皇帝，也会搞金融政策！

> 刘经济学家万岁！

刘彻禁止私人卖盐、卖铁、卖酒，把这些赚钱的生意收归国有，盐铁酒作坊全都变成了"国企"，皇帝亲自做老板给国家挣钱。

> 朕会做皇帝，也会玩垄断挣钱！

> 刘董事长万岁！

在刘彻刚即位的时候，他派"探险家"张骞出使西域，想联合西域的大月氏国一起夹击匈奴。当时汉朝通往西域的通道河西走廊还是匈奴的地盘，张骞的使团经过时被匈奴抓了。

> 探险家就是说我一出门就探到危险了，嘤嘤嘤！

> 你穿过我的地盘去找别人合伙来打我，你说我能同意吗？

张骞

张骞在匈奴娶妻生子，做了10年的俘虏后，终于找到机会逃走了，从气质使臣变成落魄乞丐的他并没有选择回到汉朝，而是接着出使西域完成使命。

> 就算变成乞丐，我也要完成我的任务！

张骞翻山越岭终于找到已经向西搬家的大月氏，10年过去，大月氏此时已经不打算和汉朝联合打匈奴了。

> 我们的新家园有好吃好喝的又安全，不打算和你们合作打架了。

> 我用了10年才找到你们，你们说不合作就不合作了？

张骞没能说服大月氏，但对西域各国的风土人情有了一定了解，考察一段时间后，张骞踏上了回大汉的路，倒霉的是，他半路又被匈奴抓回去了。

嘿！小张，我们又见面了！

我特意绕路走还能碰到你们？这也太倒霉了吧，嘤嘤嘤！

张骞在被匈奴关了一年多后终于又找到机会逃回了长安，出发时100多人的团队如今只有张骞和一个翻译两个人回来了，刘彻搞了盛大的仪式来迎接他们。

阿骞啊，13年了，朕想死你啦！

陛下不哭，我给你讲讲西域新世界的故事！

张骞将自己在西域的见闻和西域多个国家的概况做了个报告，这些内容后来被刘彻身边的史官司马迁记录在了《史记·大宛列传》中，成了研究中国西域地理学史的重要文献。

皇上，西域是个好地方，葡萄瓜果甜又甜！

说得朕口水都流下来啦！

第八章 汉武大帝

河西之战后,汉朝控制了通往西域的重要通道"河西走廊",刘彻在这里设置了酒泉、张掖、武威、敦煌四个郡,他终于开启了对西域的探索。

西域的朋友们,朕想死你们啦!你们准备好了吗?

公元前119年,在刘彻的旨意下,年近50岁的张骞领着300人的队伍,带着大汉的茶叶、漆器等特产第二次出使西域,将西域的葡萄、石榴、胡瓜(黄瓜)等特产带回汉朝。

不直播,只带货,跨境带货第一人张骞为家乡的吃货朋友们服务!

张骞两次出使西域，开辟了一条从汉朝到西域各国的道路，在他之后，无数商队沿着他的脚步往来于汉朝、西域、欧洲的罗马之间，这条连接东西方文明的商路后来被称为"丝绸之路"。

> 东方商人带来的丝绸真是影响着我们罗马人的时尚潮流啊！

刘彻十分迷信，想要长生不老，他好几次花费巨资从长安出发向东巡游到蓬莱，想找到传说中住在蓬莱仙岛上的仙人求长生不老药，但是每次都没找到。

> 生活美好，人间值得，朕真的好想活到天荒地老啊！

> 长安到蓬莱 2000 多里，皇上真是折腾死我们啦！

不久后，老实了很长一段时间的匈奴人又卷土重来，刘彻多次派兵迎击，可是在霍去病和卫青相继去世后，汉军的战斗力下降，对匈奴败多胜少。

汉军怎么变疣啦？我大匈奴又回来啦！

朕好想念卫青和霍去病啊，嘤嘤嘤！

在后来与匈奴的战斗中，飞将军李广的孙子李陵因为寡不敌众投降了匈奴，有人诬告李陵要带匈奴来打汉朝，刘彻十分愤怒，杀了李陵全家，在这次事件中，太史公司马迁也受到了牵连。

李陵不会叛变的，他一定是假投降！

你敢为他求情？找死！

司马迁

司马迁原本被判了死刑，后来他选择用"腐刑"取代死刑，虽然活了下来却要承受极大的屈辱。

不是我怕死，只是我的使命还没完成。

作为史官的司马迁忍辱负重，就是为了一部史书巨著《太史公书》，这也是他同样为史官的父亲司马谈的遗愿。

横遭祸事，身躯已残，但青史绝不可废！

在司马谈、司马迁父子两代人毕生的努力下，中国第一部纪传体通史《太史公书》终于完成，后世称之为《史记》，被列为中国的二十四史之首。

刘彻在派兵四处征伐的同时还经常出去巡游，总之不是在花钱，就是在花钱的路上，最终导致国家越来越穷，强盛的汉朝开始走下坡路。

皇上，别砸了，里面早就没钱啦！

没钱就向列侯和富商要钱！

国家没钱了自然要向百姓收钱，生活质量直线下降的百姓逐渐放弃种田当起了流民，有些流民后来又发展成强盗。刘彻统治后期，流民数量超过200万，还有很多拉帮结伙的盗贼。

辛苦种地的收成都缴税了，还不如不种地了！

不种地就吃不饱饭，那就只能做盗贼啦！

当时在长安聚集了很多搞迷信活动的江湖骗子，很多迷信的百姓和皇宫里的嫔妃宫女都来找他们帮自己祈福，有的人甚至找他们来帮忙诅咒自己讨厌的人，这就是巫蛊。

> 这个木偶已经被我施了魔法，你把它埋起来，明天你讨厌的那个人一定倒霉！

> 你这木偶刻得有点粗糙啊！

随着巫蛊越来越流行，本就迷信的刘彻开始变得疑神疑鬼，总是怀疑有人想用巫蛊来害他，经常做噩梦。

> 总有木偶想害朕啊，嘤嘤嘤！

有一个叫江充的大臣知道刘彻多疑，就找了个江湖骗子忽悠刘彻。

> 皇宫里藏着很多木偶，很可能是诅咒皇上的！

> 怪不得朕最近总是不舒服，你负责把木偶全都给朕翻出来！

第八章　汉武大帝

江充和太子刘据关系不好，就借着皇帝让他调查巫蛊的机会将太子的宫殿翻了个底朝天，翻出了很多木偶，太子刘据莫名其妙就多了一个玩巫蛊的罪名。

> 太子，你竟然敢玩巫蛊，这个人偶被我发现了吧！

> 我根本就没见过这玩意儿！你这是栽赃！

江充　　刘据

太子刘据想找父亲解释，可是刘彻却在外养病不在家，刘据怀疑自己的父亲可能已经去世，他怕奸臣假传圣旨害了自己。

> 当年秦始皇驾崩，不知情的扶苏被奸臣赵高害死，我要吸取这个教训！

刘据居然带兵干掉了陷害自己的江充，在皇后卫子夫的帮助下打算先夺下长安城，而在外养病的刘彻在一众大臣的添油加醋下，认为太子真的造反了。

> 太子造反啦！
> 皇后也跟着太子造反啦！
> 太子又玩巫蛊又是造反，真是太欠揍啦！

刘彻派兵镇压太子，双方在长安城里打了五天，血流成河，最终太子刘据自尽，皇后卫子夫也自尽了，支持太子刘据的人基本被杀光了，全国受到牵连的人多达数十万，史称"巫蛊之祸"。

巫蛊之祸

> 我是真的冤啊，嘤嘤嘤！

后来刘彻经过反思，终于意识到自己冤枉了太子，晚年失去继承人的他十分悲痛，"巫蛊之祸"不但让刘彻失去了很多家人，还让大汉失去了很多治国人才。

> 别提了，这是朕的人生污点，封建迷信害人不浅啊！

公元前89年，年近68岁的刘彻再一次出巡到蓬莱求仙，求仙失败后他来到泰山封禅，还写了一篇名叫《轮台罪己诏》的检讨书，这是刘彻最后一次出巡。

> 朕当家这么多年，又是打仗又是求仙的，有点败家，以后朕就不搞这些了，好好搞发展，让百姓休息休息……

回到长安后，刘彻开始安排后事，他选了最小的儿子，时年 8 岁的刘弗陵为继承人，因为刘弗陵年幼，刘彻还选了以霍光为首的几个最信任的大臣来辅佐他。

> 朕活不了多久了，刘弗陵年幼，你们以后可不许欺负他哦！

> 皇上放心！

霍光

公元前 87 年，69 岁的汉武帝刘彻驾崩，他做了 54 年的皇帝，雄才大略，文治武功，与统一天下的秦始皇并称为"秦皇汉武"，也被后世很多帝王视作偶像或是楷模。

秦皇汉武

秦汉百科小贴士

汉乐府

　　汉武帝刘彻是一个音乐发烧友，他在上林苑成立了一个音乐工作室——乐府，主要负责收集民间的歌谣，或者让音乐家给文人的诗词配乐成曲。他们使用一种名叫"声曲折"的乐谱，可以将歌谣的旋律记录下来，汉武帝有时还会亲自写一些歌词然后让乐府的作曲家谱成曲。每当朝廷举办宴会或者音乐会的时候，就由乐府负责演奏音乐，曲目众多，点啥唱啥，完全不亚于现在的KTV。后世将乐府中的歌词整理成了《乐府诗集》，乐府的设立对中国诗歌的发展做出了重大的贡献。

乐府就是朕的大汉小曲库，朕就是天下无敌的K歌之王！背景音乐走起！

刘弗陵　刘询

第九章 昭宣中兴

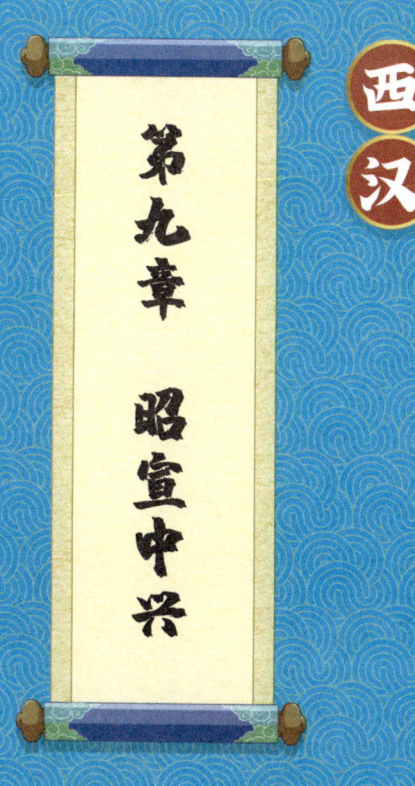

西汉

刘弗陵是汉武帝刘彻年纪最小的儿子，继位的时候才 8 岁。

> 没办法，谁让朕犯糊涂弄出个"巫蛊之祸"让太子刘据冤死了呢！

刘彻知道 8 岁的孩子很难坐稳皇帝的宝座，在他去世前让霍光、金日（mì）䃅（dī）、上官桀（jié）、桑弘羊等几个大臣来辅助刘弗陵办公，其中以大司马大将军霍光为首。

> 小霍，刘弗陵年纪小，以后就交给你们了！

> 皇上放心，我们一定好好给他打辅助！

第九章 昭宣中兴

霍光是霍去病同父异母的弟弟，当初被霍去病带到汉武帝身边做了官。

> 老弟你放心，你哥我是优秀员工，老板看我的面子肯定重用你！

> 老哥你放心，咱们老霍家自带优秀基因，不用靠你的面子，靠我自己就行！

霍光为人谨慎低调，而且很有能力，工作10年从没犯过错，年年被评为优秀员工。"巫蛊之祸"后，有一次有人刺杀汉武帝，多亏霍光救驾，保护了汉武帝。

> 小霍，你就是朕的超级英雄，朕的儿子刘弗陵就交给你来辅佐吧！

汉武帝驾崩后，继位的汉昭帝刘弗陵还没有工作的能力，只能当摆设撑门面，朝廷里的工作基本就由霍光主持。

> 小老板，以后我说一你就不能说二！

> 那我说三行不行？

159

霍光和另一个辅政大臣上官桀是儿女亲家，开始的时候关系很好，可是二人因为一件事情闹翻了。

> 老霍，让我的孙女，也就是你的外孙女给皇上做皇后吧！

> 皇上才12岁！我外孙女才6岁！这分明就是早恋，我不同意！

虽然年仅6岁的上官氏最终还是成了历史上最年轻的皇后，但上官桀和霍光的矛盾已经不可调和。大权独揽的霍光也让御史桑弘羊在内的好多人非常不爽。

> 你们眼睛瞪那么大看着我干吗？今天皇上结婚，又不是我结婚！

上官皇后

有一个一直眼馋皇位的燕王刘旦想要排除霍光这个阻碍，就和上官桀等人组成了一个"反霍联盟"，一起诬告霍光谋反。

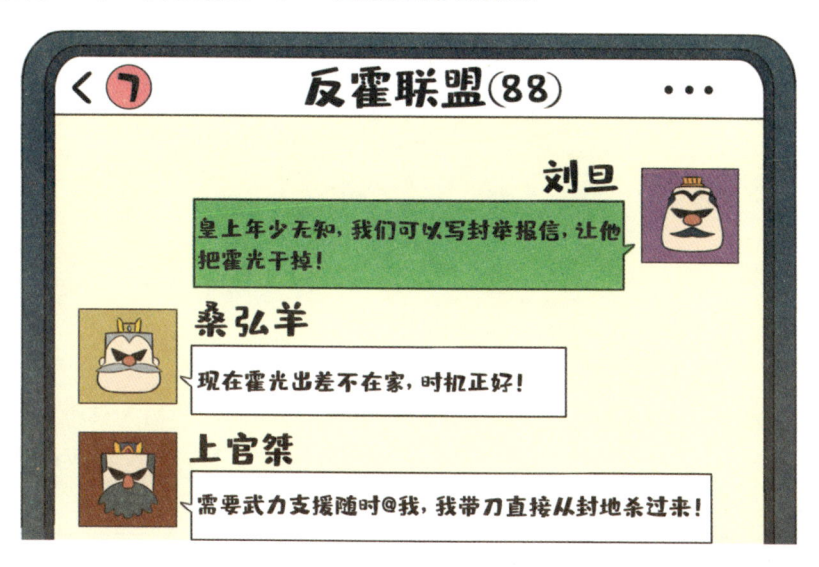

反霍联盟(88)

刘旦：皇上年少无知，我们可以写封举报信，让他把霍光干掉！

桑弘羊：现在霍光出差不在家，时机正好！

上官桀：需要武力支援随时@我，我带刀直接从封地杀过来！

令人意外的是，年仅14岁的小皇帝刘弗陵十分聪明，一眼就看穿了这些人是在污蔑霍光。

霍将军这么突出的工作能力，真想造反早就反了，这封举报信全都是胡扯！

阴谋被揭穿后，上官桀等人就计划刺杀霍光，但是因为没有做好保密工作，计划被霍光知道了，他先发制人，把"反霍联盟"一锅端了。

哼！真是不堪一击，什么"反霍联盟"，我看你们应该叫"蠢货联盟"！

除掉政敌后，霍光彻底大权独揽，这时，霍光如果想造反易如反掌，但他还是每天兢兢业业上班打卡，从来没有翻身当老板的意思。

> 全心全意为老板服务，这是极品打工人的自我修养！

极品打工人

刘弗陵与霍光相互信任，共同努力，对外恢复与匈奴的和亲来维持和平，对内轻徭薄赋让百姓休养生息，军事上平定各地的反叛势力，将汉朝衰退的局面扭转，国家重回正轨。

> 老爹连年征战留下的烂摊子终于收拾好了！

> 今年的优秀员工奖还得是我的！

公元前74年，汉昭帝刘弗陵病逝，年仅21岁。他和上官皇后没有留下孩子，大汉一时之间没了继承人，其实这事得怨霍光。

> 怨我干啥？我就是不让皇上和其他女孩子谈恋爱而已！

> 外公您做得对！皇上只能爱我一个人！

上官皇后

第九章 昭宣中兴

把持朝政的霍光给自己挑选了一个新老板，就是 18 岁的昌邑王刘贺，刘贺是汉武帝的孙子、刘弗陵的侄子。

> 昌邑王刘贺的简历挺符合岗位要求，通知他来上班做皇帝吧！

> 员工招聘老板，这可真是新鲜事儿啊！

刘贺的特点就是行为怪异、为所欲为，当诸侯王的时候不务正业，就知道玩，得知自己要当皇帝，他十分兴奋，第二天就快马加鞭，以 180 迈的车速赶往长安。

> 我要当皇帝啦，能不兴奋吗？再给我提提速！

> 咱们坐的是马车，不是高铁！

即便刘贺着急当皇帝，一路也没耽误享乐，边吃边玩，甚至还把路上看到的漂亮女子全都抢到车上带走。

> 哎！那个小姐姐长得好看，给我带过来！

> 别带啦，您的小姐姐专车已经超载啦！

刘贺这一路祸害了不少百姓,到了长安后,参加刘弗陵的葬礼本来应该是一个严肃的场合,刘贺却在那里敲锣打鼓、嬉戏打闹,不是演戏就是开音乐会。

刘贺坐上皇帝的宝座,跟他一起进宫的还有几百个小伙伴,整天就是一起玩游戏、调戏宫女,总之就是干了很多荒唐事。

第九章 昭宣中兴

刘贺的荒唐行为引起了群臣的不满，当然最不满的还是霍光，他联合大臣们一起向 15 岁的上官太后告状，最后竟然把身为皇帝的刘贺给废了。

> 我工作几十年，从没犯过错，他工作 27 天，犯错 1000 多次，开除了吧！

> 他犯错开除了就是，外公您别气坏了身子！

刘贺当了 27 天皇帝，连试用期都没过就被优秀员工霍光给开除了。

> 员工开除老板？这又是什么操作？

这下皇帝的位子又空了，而霍光招聘效率很高，没多久就招了一个新皇帝补位，这名新人叫刘病已。

> 当初"巫蛊之祸"，太子刘据一家冤死，我就是刘据仅剩的孙子，独苗！

刘病已

165

公元前 74 年，刘病已继承皇位，就是汉宣帝，他登基后兢兢业业工作，按时打卡上下班，显然是比前任皇帝刘贺靠谱得多，霍光都忍不住要把实权交还给他。

> 皇上！您是时候掌握真正的权力了！

> 不不不，朕能力还不行，工作上的事还得靠您啊！

刘病已没有马上从霍光那里收回实权，因为整个朝廷里的大臣，包括都城的护卫都是霍光的亲戚和朋友，刘病已势单力薄，必须低调。

> 皇上放心，我们都是老霍家的人，绝对好好保护您！

> 哈哈哈……那谢谢诸位啦！

当年因为"巫蛊之祸"，太子刘据一家只有刚出生的孙子刘病已活了下来，他一直过着颠沛流离的生活。幸运的是，长大后的他身边一直有妻子许平君陪伴，他们感情很好。

> 虽然生活困苦，但我并不孤单！

许平君

第九章 昭宣中兴

有人提议让霍光的小女儿霍成君嫁给刘病已做皇后，刘病已婉拒了这门亲事，坚持要立与他同甘共苦的许平君做皇后。

> 霍将军的小女儿才貌双全，温柔体贴，目前单身……

> 不用了！朕只有一个心动女孩，那就是许平君！

在皇后选拔赛中，许平君击败了霍成君，这件事霍光没太在意，但是他的老婆霍显不高兴了。

> 那个底层出身的许平君拿什么和我的女儿比！她凭什么当皇后！

霍显

为了让自己的女儿霍成君当上皇后，霍显竟然买通女医官把皇后许平君毒死了，刘病已十分伤心，霍光得知真相后也十分害怕，就把这件事的真相掩盖了过去。

> 我认真工作这么多年，快退休的时候被老婆坑了，嘤嘤嘤！

后来霍成君做了皇后,和刘病已的小日子过得也不错,霍家在朝廷中的地位又上了一层。公元前 68 年,霍光病逝,刘病已给他安排了和皇帝同等级的葬礼,后来还把霍光列为麒麟阁十一功臣之首,给他画像祭祀。

> 拿了终身成就奖,招聘过皇帝,开除过皇帝,这辈子值啦!

> 霍将军可是大汉的顶梁柱啊,你就这么走了朕可怎么活啊,嘤嘤嘤!

霍光辅佐三任皇帝,主掌朝政多年,以出色的工作能力让大汉国力不断提升,即便他实力强大,但直到去世也没动过任何谋反的念头。

> 我有当老板的实力,却只有一颗优秀员工的心!

第九章 昭宣中兴

在霍光去世后,霍显害死皇后的事情真相大白,气愤的刘病已决心扳倒势力庞大的霍家,他慢慢削弱霍家的势力,霍家人不服,密谋造反却被告发,最终刘病已除掉了霍家满门,废了皇后霍成君。

> 今天朕就让你们霍家人知道谁才是真正的老板!

在霍光身边做了8年配角的刘病已终于翻身做了大汉真正的主宰者,据说他为了让百姓避讳方便一点,就给自己改了个名字叫刘询。

> 我生X(病)了,X(已)经不行了……

> 你放心吧,不是啥大X(病),只是着凉了而X(已)!

> "病""已"这两个字太常见,百姓总XXX的也不合适,以后朕就改名叫刘询吧!

169

刘询新上任激情满满，他规定大臣每五天给他交一份工作报告，亲自考查每个大臣的工作能力，成绩好升职加薪，还会发玺书鼓励，成绩不好开除扣工资，这大大提高了大臣们的工作效率。

> 每周开例会，做周报，还有绩效考核，不要偷懒哦！朕可一直盯着你们呢！

> 唉，以后上班不能摸鱼啦！

> 赏罚分明，顿时让我有了工作激情！

刘询曾经在民间生活过一段时间，十分了解百姓疾苦，他继续推行轻徭薄赋的政策，打击侵占百姓土地的豪强，还把国家的地租给无家可归的百姓盖房居住。

> 朕当年经常看到百姓被欺辱，所以才知道怎么落实有利百姓的政策。

第九章 昭宣中兴

为了稳定粮食价格，刘询在全国设置很多粮仓，粮食丰收了要降价，官府平价向百姓收购粮食，粮食产量少，官府再把收购的粮食平价卖出，这就是常平仓制度。

> 丰年不怕粮食烂在手里喽！

> 灾年不怕粮食涨价挨饿啦！

> 还有一点，粮仓多，各地都有存粮，就不用耗费人力物力大老远运粮食啦！

除此之外，刘询还派官员到各地乡镇体察民情，慰问老人，考查当地官员有没有偷懒，还动不动就免个一年的赋税，百姓的幸福感空前提高。

> 不愁吃不愁穿，偶尔还不用交税，幸福像花儿一样啊！

> 朝廷有时候还奖励耕牛和美酒，多完美的社会福利！

171

刘询当家的时候百姓这么富裕，是因为没打仗吗？不是，刘询刚即位的时候就开始打仗了，对手还是与汉朝相爱相杀多年的老朋友匈奴人。

> 终于轮到我们再次出场啦！

> 折腾100多年了，你们有完没完？

刘询刚即位的时候看了一封求援信，这封信是从西域的乌孙国发出的，写信的是嫁到乌孙国和亲的汉朝公主刘解忧。

> 匈奴攻打乌孙国，完全没把我这个嫁过去的大汉公主放在眼里，嘤嘤嘤！

刘解忧

> 嫁到乌孙的汉朝公主被欺负，朕作为她的娘家人，必须得管！

公元前72年，刘询派15万骑兵攻打匈奴，要知道当年卫青和霍去病打匈奴最多才带了10万骑兵，但是这次的战果相比而言就有点不好看了。

> 16万人折腾半天，就拿下3000匈奴人，有点丢人啊！

> 没办法，匈奴见到我们就跑，也不和咱打啊！

> 就是，我们又不是霍去病，差不多得了！

虽然汉军战果一般,但是另一边的乌孙军就有点幸运了,汉朝大臣常惠带着5万乌孙军刚好遇到了逃跑的匈奴人,上去就是一通乱打,大获全胜。

> 今天让你们知道什么叫痛打落水狗!

> 好不容易躲过汉军,转身就遇乌孙,防不胜防啊,嘤嘤嘤!

这一次匈奴元气大伤,更倒霉的是,第二年他们又遇到一场大雪,冻死了一大批人,后来又和西域打仗,又和自己人打仗,最终匈奴四分五裂,低调了很多。

> 流年不利,动不动还起内讧,说出来都是眼泪,不说了,我要去放羊了。

匈奴正面没法和汉朝硬碰硬,他们就开始拉拢盟友西羌人。西羌人生活在青藏高原北部一带,民风彪悍,经常到大汉的地盘放羊牧马。

> 你们过界了,讲讲道理好不好?

> 我们从来不讲道理,一言不合就动手。

173

对待西羌，刘询先礼后兵，出使无果后派赵充国率领一万骑兵攻打西羌。此时的赵充国已经70多岁了，他通过持久战，让本来团结的西羌人放松警惕，随后发动突然袭击，西羌大败。

西羌部落投降后，赵充国对他们采取很友好的策略，没有欺负他们，西羌人很感动，最终归顺了汉朝。

汉朝对西羌人的友好态度被西域各国看在眼里，可以说是实力和美德都得到了西域各国的认可，他们纷纷归顺汉朝，后来匈奴日逐王也带着数万人投降汉朝，从此汉朝彻底控制了西域地区。公元前60年，刘询设置西域都护府，至此西域正式归入华夏版图。

第九章 昭宣中兴

公元前51年，匈奴最高统帅呼韩邪单于来到长安，正式给刘询称臣做小弟，刘询组织了盛大的欢迎仪式，参加仪式的还有西域各国国王和使臣，刘询登上渭桥，接受各国小弟的朝拜，万岁的呼声响彻天地。

可以说汉宣帝刘询在武功上超越了汉武帝的功绩，在文治上也超越了文帝和景帝，他开创了汉朝最强盛世：孝宣之治。

> 朕想让百姓富起来，却让匈奴越来越嚣张。

汉文帝

> 朕想打掉匈奴势力，却把百姓给打穷了。

汉景帝

汉武帝

> 朕让匈奴服了，让西域归顺了，同时也让百姓过得幸福安康！

汉宣帝

175

汉宣帝和汉昭帝的统治时期被后世合称为"昭宣中兴"，除了刘弗陵和刘询两个皇帝特别靠谱以外，终身成就奖得主霍光大将军也功不可没。

刘弗陵　终身成就奖　刘询

公元前49年，在位25年的刘询驾崩，享年43岁，太子刘奭（shì）继位，就是汉元帝。

刚即位就坐在了盛世的顶点，搞得朕有些紧张啊！

刘奭

秦汉百科小贴士

芒刺在背

据说汉宣帝刘病已即位的时候，去宗庙祭拜汉高祖刘邦，大权在握的大司马大将军霍光和他坐一辆车，气场强大的霍光令刚当上皇帝的刘病已十分畏惧紧张，坐立不安，就像是有很多尖锐的芒刺扎在背上，很不舒服。而和其他人坐在一辆车上的时候刘病已就很轻松，民间传说霍家的灭族结局早在霍光陪同宣帝乘车时就已萌芽了。后来人们以"芒刺在背"形容惶恐不安。

刘骜
刘欣
刘奭

第十章 盛极而衰

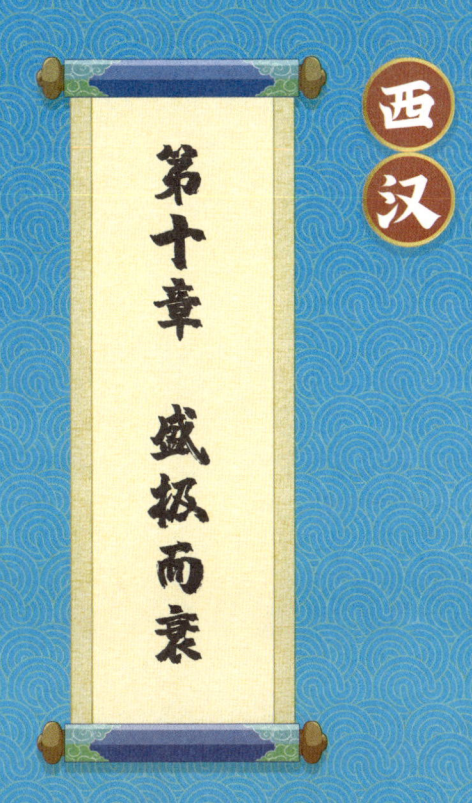

西汉

汉宣帝刘询缔造了大汉的最强盛世，从国家综合实力到百姓幸福指数都达到了顶峰，刘询也被誉为中国历史上最完美的帝王之一，但是人无完人，工作成绩完美的刘询也是有缺点的。

> 敢说朕有缺点？我这暴脾气！

刘询

有一个大臣叫杨恽，是司马迁的外孙，他说话口无遮拦，总是嘲讽刘询，被刘询惩罚贬为庶人后还不服气，竟然又写《报孙会宗书》发泄不满，刘询看后气得直跳脚，把杨恽腰斩了。

> 杨恽竟敢写信指桑骂槐，对朕冷嘲热讽！现在就给朕腰斩了他！

> 啊！发发牢骚就要被腰斩？太狠了吧？

还有一个公正廉洁的大臣盖宽饶觉得刘询"正用刑法，信任宦官"，劝刘询温柔一些，刘询二话不说给他降了职，导致盖宽饶心态崩塌，竟然自尽了。

> 竟敢对朕有意见？扣工资，贬官！

> 我好心好意，皇上竟然这么对我，我不活啦，嘤嘤嘤！

盖宽饶

第十章　盛极而衰

刘询虽然对手下的大臣惩罚比较严苛，但这并不影响他的功绩，只能说他既是仁君也有着君主该有的威严。

皇帝就是要对大臣狠一点！

太子刘奭和刘询的风格却截然相反，他崇尚儒家，是一个脾气温和又柔弱的人，经常惹刘询生气。

朕这叫恩威并施！你懂什么？！朕看这江山迟早要败在你的手里！

父皇，您太严厉，我觉得您应该用儒家的方法治国，慈祥一点！

刘奭

181

刘询想过换太子，但考虑到刘奭是自己和原配夫人的孩子，还是放弃了这个想法，刘询给自己的继承人留下了三个比较靠谱的帮手：史高、萧望之、周堪。

> 朕把这一手好牌交给你了……

> 好牌？您是要我们四个打麻将吗？

萧望之有才华，干活认真，而且提倡仁政治国，得到了刘奭的认可。

> 以儒治国

> 萧望之

> 还是你和朕最对脾气啊！

然而刘奭最器重的人并不是萧望之，而是宦官弘恭、石显。萧望之怕宦官干政，就去劝刘奭。

> 按照儒家的老规矩，皇帝不能和宦官走得太近啊！

> 这两个宦官都是朕的老朋友，不用那么生分吧！

第十章 盛极而衰

萧望之的意见没有被刘奭采纳，同时遭到了弘恭和石显的记恨，这两个宦官十分阴险，他们利用刘奭对自己的信任，竟然捏造罪名逼得萧望之自杀了。

> 新衣服、新首饰，都是陛下让我们给您的！

> 这是让我当囚犯的意思？士可杀不可辱！我宁死也不吃牢饭！

萧望之的死让刘奭十分伤心，但他却没有惩罚罪魁祸首弘恭和石显，只是训了他们两句，这让弘恭、石显变得更加嚣张，继续陷害不服他们的人。

> 看谁不爽我就收拾谁！

> 谁让老板最喜欢我们，哈哈哈！

弘恭　石显

几年后，宦官弘恭去世，石显一家独大，此时的刘奭基本已经不上班了，整天沉迷于音乐和享乐，朝政全都交给石显处理，汉朝出现了宦官专权的情况。

> 没那么严重！一般宦官又没啥亲戚！势单力薄的哪能专权呢？

> 势单力薄？你太天真啦！

阴险狡诈的石显大权在握，他拉帮结伙，很多宫里的太监宫女、宫外的大臣外戚都投靠了他。石显还陷害不服从他的忠臣，以此来稳定自己"代理皇帝"的位置。

> 内有宦官爪牙、外有大臣外戚，专害忠臣良将，我是代理皇帝！

因为"代理皇帝"石显不好好上班，真皇帝刘奭基本不上班，大汉百姓没人管了，大地主抢小地主的土地、小地主抢农民的土地，官府腐败至极，汉宣帝创造的盛世景象已经消失殆尽。

> 富人越来越富，哈哈哈！

> 穷人越来越穷，嘤嘤嘤！

> 没人考查我的工作，我可以为所欲为啦！

第十章 盛极而衰

大汉从此走向下坡路，边境也开始变得不稳定起来，虽然当初匈奴的呼韩邪单于臣服汉朝，但他的哥哥郅（zhì）支单于不服，和呼韩邪分了家，被称为北匈奴。

郅支单于没法正面对抗汉朝，就去汉朝的西域都护府找麻烦，还杀了汉朝的使者，守护西域的汉朝将领副校尉陈汤很生气，竟然没有向朝廷打招呼就带兵去打郅支单于了。

陈汤不顾手下劝阻，带兵翻山越岭追着北匈奴打，最终躲在城里的郅支单于被陈汤除掉了。

> 连声招呼都不打，突然出现就把我一顿胖揍啊！

郅支单于

> 这就叫明犯强汉者，虽远必诛①！

① "明犯强汉者，虽远必诛！"——《汉书·傅常郑甘陈段传》

大体上来看，刘奭统治时期的大汉边境还算安定，西域都护府越发显耀，丝绸之路也一直畅通。

> 所以朕除了玩音乐以外也是有点工作成绩的好不好？

> 还不是你老爸我把该办的事都提前给你办好了？你还有脸说？

汉宣帝

公元前 33 年，43 岁的汉元帝刘奭驾崩，他在位 16 年，优柔寡断、忠奸不分，把权力交给奸臣石显导致宦官乱政，和他文治武功的父亲汉宣帝刘询相比可以说是虎父犬子了。

> 朕只不过是太单纯、太天真了而已嘛，嘤嘤嘤！

186

就在刘奭驾崩这一年，匈奴呼韩邪单于再次来到长安，刘奭把一个叫王嫱的宫女赐给了他，这个宫女还有一个名字叫王昭君。后来这件事逐渐演变成"昭君出塞"的故事，王昭君也被誉为中国古代四大美女之一。

大汉的继承人是 18 岁的皇太子刘骜,他就是汉成帝,刘骜的名字是他的爷爷汉宣帝刘询起的,"骜"就是骏马的意思,比喻才能出众的人。

> 朕的大孙子未来一定会像千里马一样驰骋天下!

小时候的刘骜乖巧懂事,学习成绩也很好,但他长大以后不知怎么就学坏了,不好好学习,私生活还一片混乱。

> 朕的私生活和你们有啥关系!不许谈论朕的隐私!

刘骜

刘骜虽然私生活有点乱套,但与前任皇帝相比还是有点主见的,至少他看清了宦官石显干政的事实,知道要把权力掌握在自己手中。

> 皇上,这是大臣们的工作报告,我帮您……

石显

> 你一个宦官有什么资格看这些公文报告?出去!

第十章 盛极而衰

刘骜先是以升官的名义将石显调到了没啥实权的部门，再找几个大臣告石显的状，最终刘骜名正言顺地将石显赶出了长安，解决了前任皇帝刘奭造成的宦官干政的问题。

你的犯罪事实证据确凿，现在朕要你滚出长安！

新皇帝套路多，不好忽悠啊！

虽然刘骜成功清除了宦官势力，但他还是把主要的精力投入了娱乐事业中，这也导致另一派势力崛起，那就是由太后王政君和她的亲戚们组成的外戚势力。

别的我不敢多说，娘家弟兄绝对够多！

王太后

王政君当上了太后,她的哥哥王凤也做了大官,王凤用各种手段打击自己的政敌,但刘骜却对他十分信任。

> 毕竟是自家大外甥嘛!

> 朕还能不相信自己的舅舅吗!

除了哥哥王凤外,王太后还有不少兄弟跟她沾了光,刘骜曾在一天之内给他五个舅舅封了侯,老王家族的势力越来越大,在朝廷中一家独大。

大汉最强舅舅团

王根　王立　王逢时　王谭　王商

第十章 盛极而衰

王家有多强大？就拿大司马大将军这个相当于丞相的顶级官职来说，刘骜做皇帝的时期就有五个王家人担任过这个职位，第五个得到这个职位的人叫王莽。

王凤　王音　王商　王根　王莽

顶级官职？其实还不够顶级，我先作为配角亮个相，下一章我要做主角儿！

在王氏家族呼风唤雨的时候，大汉真正的主人刘骜却一直在搞娱乐项目，他斥巨资搞了三个游乐场所：霄游宫、飞行殿和沙棠舟，整天里喝酒吃肉、谈情说爱。

霄游宫　飞行殿　沙棠舟

朕的宗旨就是：娱乐至死！

刘骜在感情上很花心。有一次，刘骜闲来无事，换上百姓穿的衣服去阳阿公主家溜达，在那里对一个叫赵飞燕的舞女一见钟情，随即就将她带回了皇宫。

> 你这是要带我去哪儿啊？

> 去一个让你吃喝不愁的地方。

赵飞燕

据说赵飞燕不但长得特别漂亮，而且体态轻盈，气质翩翩，是一个骨感美女，成语"环肥燕瘦"指的就是"杨玉环胖、赵飞燕瘦"，意思就是女孩子各有各的风格和魅力。

> "骨感"这个词我喜欢，适合我！

> 怎么说话呢！我才不胖，我这叫丰满！

杨玉环

第十章 盛极而衰

刘骜被赵飞燕迷得神魂颠倒，后来听说赵飞燕还有一个更美丽的妹妹，叫赵合德，刘骜马上就把赵合德也接了过来，从此赵氏姐妹花宠冠后宫，将花心的刘骜变成了专情的恋爱脑。

不爱佳丽三千，只爱"飞燕合德"！

赵合德

赵飞燕姐妹有着仙女般的外貌，但心肠却很坏，她们怂恿刘骜废了许皇后，不久后赵飞燕就坐上了皇后的宝座，赵合德也做了地位仅次于皇后的昭仪。

有崇高的地位！

又有皇帝的宠爱！

两位女神还想要什么？朕全都给你们！

女神

193

刘骜虽然有过很多妃嫔，还是个恋爱达人，但奇怪的是，他始终没能留下一个孩子，刘骜的侄子定陶王刘欣想成为皇位继承人，竟然去贿赂赵合德。

> 我美丽的伯母，这些是孝敬您的，还希望你们在继承人的选拔上投我一票！

> 放心，皇上什么都听我的！

刘欣

在赵合德的枕边风下，刘骜竟然真的将18岁的侄子刘欣立为太子。公元前7年的一天早上，多年沉迷于酒色的刘骜突然驾崩，享年45岁。

> 生活习惯不健康害死了朕啊，嘤嘤嘤！

驾崩

第十章 盛极而衰

不久，汉成帝的侄子太子刘欣继位，就是汉哀帝，他即位后的第一件事，就是慢慢削弱王氏外戚的地位，动不动就开除一个老王家的官员，其中还包括上任不久的大司马大将军王莽。

他们老王家和朕非亲非故的，朕信不过！

我迟早会回来的！

王莽

刘欣虽然严厉打击了王政君一族的外戚势力，但也扶植了奶奶傅姓家族和母亲丁氏家族的人，外戚干政的实质没有改变，皇帝还是没能把权力掌握在自己手中。

都是自家亲戚，谁掌权不都一样吗！

195

吃透中国史·秦汉

在刘欣即位的时候，汉朝富人侵占农民土地的情况已经很严重了，贫富差距越来越大，刘欣让大臣制定了几个合理的政策，却遭到了傅家和丁家外戚的反对。

> 列侯大臣拥有的土地不能超过30顷，手下员工也要减少！

> 把我的地盘分给别人？不可能！

傅家

> 我也反对！反对加反对！

反对 反对

丁家

而新政策的改革没能推行，不是因为外戚势力的阻挠，而是皇帝自己都不遵守。有一次，他一口气就赏赐给大臣董贤2000顷土地。

董贤

2000顷

> 不是说大臣不能有超过30顷土地吗？董贤就可以有2000顷？

> 朕就是看他顺眼不行吗！

196

第十章 盛极而衰

董贤是个肤白貌美的超级大帅哥，刘欣甚至还让没什么才能的他做了大司马大将军。

公元前 1 年，汉哀帝刘欣驾崩，年仅 25 岁，他在位 6 年，虽然没什么太大的作为，但他统治时期汉朝的人口数量达到了顶峰。

刘欣没有留下子嗣，在他去世前，竟然想效仿尧禅位于舜，将皇位交给好朋友董贤。

197

在刘家的大汉江山要改姓董的危急时刻，放假很久的太皇太后王政君重出江湖主持大局。

> 董大人，你说接下来怎么办？

> 我不知道，这石头还给你吧，现在没人欣赏我的脸了，我要辞职……

太皇太后

董贤辞职后不久就自尽了，王政君召回了之前被开除的王莽重新担任大司马大将军，王莽得到了大臣和百姓的拥戴，大权在握，汉朝又出现了大臣选择皇帝的情况。

> 我早就说过，我迟早会回来的！

> 别啰唆了，赶紧看看简历，咱们得选一个新皇帝啦！

王莽

秦汉百科小贴士

留仙裙

　　据说，有一次赵飞燕穿了一身漂亮的裙装来到太液池边，在乐师弹奏的琴瑟鼓乐中翩翩起舞，她体态轻盈，舞姿曼妙，让汉成帝如痴如醉。突然间起了一阵大风，骨感美女赵飞燕竟然被风吹得飘起来了，就像要乘风升天的仙女一样，宫女们赶紧上去抓她的裙角，赵飞燕终于获救，她的裙子也被抓出了褶皱，然而这带褶皱的裙子似乎更加好看，从此，宫女们盛行穿折叠出褶皱的裙子，美其名曰"留仙裙"。褶皱的裙子也因此成为汉服的一个特征。

哎呀，好大的风啊，我要被吹到天上去啦！

什么时候都这么美，朕爱死小燕子啦！

王莽

第十一章 新莽篡汉

汉朝从汉成帝刘骜开始，朝政就掌控在了太后王政君家族的手中，老王家先后有九个人被封了侯，五个人担任大司马，担任其他官职的更是数不胜数。

王家人人都过着极其奢侈的生活，吃好的穿好的，出门还坐着豪华马车，整天攀比谁比谁富裕。

① 大秦：一说指罗马帝国，一说指亚历山大城。——编者注

第十一章 新莽篡汉

同为王氏家族宗亲的王莽却是个例外,他父亲和哥哥很早就去世了,小小年纪的他照顾孤儿寡母的同时还勤奋好学,讲文明懂礼貌,是同龄人中的三好学生,名声特别好。

长安青年十佳之首

娘,给点零花钱!

就知道要零花钱!看看人家隔壁小王多厉害!多和人家学习学习!

王莽

王莽学习成绩好,还很懂得人情世故,他对家族里的叔叔伯伯们十分恭敬,更是把身居大司马之位的大伯王凤当父亲一般孝敬。

大侄子,你为了照顾我一个月都没好好休息,比我亲儿子还孝顺啊!

大伯,我最敬佩的人就是您老人家了!这是我应该做的!

王凤

王莽

203

王凤生病得到了王莽的精心照顾，他很感动，就向太后王政君举荐王莽。

老妹啊，咱家王莽孝顺又优秀，都是自家亲戚，给个工作岗位吧！

安排！

不久，年仅24岁的王莽进宫成了汉成帝的贴身保镖，此时太后王政君是他的姑姑，大司马王凤是他的大伯，皇帝刘骜是他的表哥。

做王家人真好，还包分配工作，哈哈哈！

皇帝：表哥
太后：姑姑
大司马：大伯

恭敬孝顺的王莽很得长辈们的喜爱，也很快得到汉成帝的认可，在30岁的时候就被封了侯，升官速度堪比坐上了火箭。

只要人设立得好，升职加薪没烦恼！

第十一章 新莽篡汉

虽然官职越来越大，但王莽还是和以前一样生活朴素、举止谦卑、待人友善，他经常把自己的工资分给客人和平民，甚至还卖车、卖马接济穷人，自己家里则穷得叮当响。

我要那么多财产干啥？我对钱没有兴趣！捐！全都捐！

王氏慈善基金会

王莽乐善好施、礼贤下士的好名声很快就传开了，好多名人高官都愿意和他交朋友，王莽收获了一大批忠实粉丝。

感动长安颁奖典礼

花钱买个好形象，积攒粉丝和流量！

向王大慈善家致敬！

莽哥就是我的榜样！

王莽的努力没有白费，许多他结交的朝廷重臣全都在皇帝面前说他好话，王莽成了皇帝身边的大红人，但是有个更红的人挡住了他前进的路，这个人叫淳于长。

淳于长虽然姓淳于，但他是太后王政君的外甥，所以也算王氏外戚的成员，他步入社会比王莽要早，很会巴结人，曾经帮助汉成帝宠幸的赵飞燕成为皇后，得到了汉成帝的信任。

就在王莽和淳于长明争暗斗的时候，刚好赶上当时的大司马王根要退休，他们两个开始竞争大司马的岗位。

左手大侄子，右手大外甥，我很难抉择啊！

淳于长的竞争手段是拉拢同事，给同事们封官许愿。

请大家投我一票，等我当了大司马，好处少不了你们的！

你这不是画大饼吗？

而王莽的竞争手段是拉拢上级，向大司马王根打小报告。

叔，我听说淳于长贪污受贿，还经常和皇上的前妻许氏之姐通信，很可能在搞地下恋情！

有这事？那我可不能让他继承大司马了！

王根

淳于长和废皇后之姐不清不楚的爆炸性绯闻传到了汉成帝的耳朵里,他暴跳如雷,马上就处死了淳于长。

不久,在叔叔王根的推荐下,38岁的王莽喜提顶级职位大司马,妥妥的年轻有为,然而职位升了,工资涨了,奖金提了,王莽家的生活质量却没有提高,因为王莽挣的钱全都拿去请客吃饭了。

第十一章 新莽篡汉

有一次，王莽的母亲病了，朝廷百官来王莽家探望，王莽的妻子出来迎接，却因为穿得太寒酸，被人误认为是个婢女。

> 家里不富裕，衣着有些不得体了。

> 王大人家里过得这么俭朴，却舍得招待我们，好感人啊！

权力有了、地位有了、人气也有了，正当王莽要在新的岗位上发光发热的时候，汉成帝刘骜去世了，新任皇帝刘欣的奶奶和母亲的家族开始得势，王莽只好辞职回了自己的封地。

> 我正准备干一番大事业，老板换人了！

回到封地的王莽把自己关在家里闭门不出，安分守己，十分低调。

> 老王家现在处于低谷期，我需要立一个乖宝宝人设，然后低调发育……

209

王莽是低调了,但他儿子却没低调。有一次,王莽的二儿子王获杀死了家里的奴隶,这在当时其实不是什么大事儿,而王莽却狠狠惩罚了儿子一顿,之后竟然逼儿子自尽了!

生死事小!影响我的人设事大!自己动手吧!

好无情!难道我是你从垃圾桶捡来的孩子吗?嘤嘤嘤!

王获

王莽大义灭亲的消息传开,获得了百姓的一致好评,他在民间的形象变得越来越伟岸,人气越来越高。

管他是谁?杀人就得偿命!在我王莽面前人人平等!

王大人铁面无私!是我的心中偶像!

王大人公正严明!是我的超级英雄!

第十一章 新莽篡汉

几年后，汉哀帝刘欣驾崩，太皇太后王政君重新掌权，她马上联系王莽重新担任大司马的职位。

莽子！咱们老王家又得势啦，你赶紧回来上班吧！

没问题！

公元前1年，年仅9岁的刘衎（kàn）继承大汉皇位，太皇太后王政君垂帘听政，朝廷实权则掌握在大司马王莽手中。

简单来说，就是大汉天下我做主，我是真正的主角儿！

刘衎即位后，颁布了很多利国利民的政策，比如给大臣王侯发奖金、给穷苦百姓发慰问品、取消部分优秀员工的试用期直接转正等，其实所有人都知道，刘衎只是个摆设，这些福利都是大司马王莽的意思。

有奖金有福利，感谢王莽这个幕后黑手……哦不，是幕后恩人！

王大人虽然藏在阴影里，却依旧光芒万丈！

除此之外，遇到灾年的时候，王莽还自掏腰包，带头给灾民捐钱捐物，还在长安给他们修建临时住所。

爱心捐款和爱心住房管够，大家众志成城共同抗灾！

有您在，心里又暖又踏实！

您就是大汉永远的神！

随着王莽的权力越来越大，声望越来越高，他的野心逐渐暴露出来，他为了不让太后卫氏家族和他争权，竟然不让刘衎见自己的母亲卫太后，只是偶尔给卫太后一些财物。

我想我的妈咪了，嘤嘤嘤！

想她就给她寄点钱回去吧！

刘衎

第十一章 新莽篡汉

王莽不让皇帝母子相见，王莽的大儿子王宇都看不下去了，他想让王莽把权力交给卫太后，就决定派人用狗血泼在王莽家门口。

> 我爹比较迷信，我把狗血泼在他家门口，就说是上天的警告……

王宇

结果泼狗血计划还没等实施就被王莽发现了，他二话不说就赐给长子王宇一杯毒酒让他自尽了，再次上演了大义灭亲的戏码。

> 用狗血吓唬我？这么狗血的剧情你都想得出来？我必须奖励你一杯毒酒！

> 好无情！难道我也是你从垃圾桶捡来的孩子吗？嘤嘤嘤！

213

粉碎狗血计划后，王莽借题发挥，把卫太后的家族给灭了。大臣灭外戚，这件事很快成了各地的头条新闻，王莽人设有些崩塌，他赶紧找人写文章解释，用吹牛来挽回自己形象。

> 负面新闻出来了，我得吹牛挽回形象！

歌颂大义灭亲、秉公执法的伟大臣子王大司马

因为王莽给百姓留下了很多好印象，所以关于他残害太后家族的负面新闻很快就过去了。不久，社会各界官员百姓约48万人联名写信，要皇帝接着奖励王莽。

> 大司马你要什么奖励赶紧和朕说！你的表扬信和锦旗快把朕埋起来啦，嘤嘤嘤！

> 哼！负面新闻都是小事儿！我的人设没那么容易崩塌。

第十一章 新莽繁汉

公元6年，汉平帝刘衎病逝，年仅14岁，有人还说汉平帝是被王莽毒死的，这件事情至今仍存在争议。

> 衎衎，该喝药了……

王莽选择了年仅2岁的刘婴为皇太子，称自己为"假皇帝"，此时的太皇太后王政君已经快80岁，虽然不想同意也无可奈何。

> 不装了，我想当皇帝我摊牌啦！

> 莽子你可真是越来越莽，我年纪大了管不动了，你随便吧，我累了。

假皇帝姓王，真太子姓刘，这是中国历史上一个十分奇葩的事情，51岁的王莽开心地过起了皇帝般的幸福生活，但是他还是没有满足。

> 唉，要是能把假皇帝里的"假"字去掉就好了……

王莽自称假皇帝的事情引起了各地刘姓皇族的不满,安众侯刘崇、严乡侯刘信相继造反,不过很快被王莽派兵除掉了。

你们竟敢造反?

你都要造反了,还好意思说我们造反?嘤嘤嘤!

刘崇

刘信

公元 9 年,在镇压了反对自己的势力后,信心爆棚的王莽逼迫姑姑王政君交出传国玉玺,又把太子刘婴降级成了列侯,抢走了本该属于刘婴的皇位。接着王莽称帝,将汉朝的国号改为"新",汉朝灭亡,新朝建立。

不要瞎说,人家这叫"禅让"!就是说刘婴这孩子是自愿把皇位让给我的!

王莽即位后，马上开始了他的各种改革措施，他借鉴周朝的"井田制"，将天下的土地归为国有，然后重新公平分配，禁止买卖。

朕的土地改革就三个原则，公平！公平！还是公平！

官府免费分土地啦，哈哈哈！

官府分的是我家的地，嘤嘤嘤！

王莽还重视底层人的人权，他规定将奴隶的称呼改为私属，禁止买卖奴隶，想要逐步废除奴隶制度。

早就说过了，王莽面前，人人平等！

人人平等

以后我留你们也卖不了钱了，都回家吧！

终于不用像牲口一样被卖来卖去了！

此后王莽还改革货币和官员制度，又将盐铁行业、山川河流收归国有，基本把汉朝的种种制度全都给改了，而且都算是对普通百姓有利的改革。

> 能改全都改，能换全都换！新朝必须新潮！

然而理想很丰满现实很骨感，王莽的政策看起来利国利民，但实施起来难度很大。

> 我要把你们家的地收走重新分配！不听话我就要来硬的哦！

> 你有50个护卫，我有500个保安，来硬的？谁怕谁啊？

第十一章 新莽篡汉

见新政策不好推行，王莽就重启严酷的刑罚强制推行，导致好多人因为新政策被惩罚，加上王莽朝令夕改，改着改着就乱套了。

> 朕有了点新想法，传达给各地去实施吧！

> 皇上您一天一个新想法，大家实在跟不上您的节奏啊！

内部矛盾还没解决好，王莽又把手伸到了匈奴西域和其他附属国那里去了，他降低这些附属国领袖的地位，导致边境不再稳定，还要派军队去边关守卫。

> 姓王的要把我从王变成侯？

> 我们臣服的是姓刘的汉朝，不是姓王的新朝！

王莽想要推行与民休息的政策，另一边又总是派兵出去打仗，加上自然灾害不断导致物价飞涨，民不聊生，饿死的人特别多。

> 朝廷的粮食都拿去当军粮了，百姓饿了就让他们用木头熬成粥充饥吧！

> 吃木头？您这又是什么新潮的想法啊！

王莽的改革不切实际，有些用力过猛，一系列的操作下来，把贵族平民和周边邻居全都得罪了，他维护多年的伟岸形象彻底崩塌，越来越多的人揭竿而起，全国各地出现很多股造反的军队。

> 朕现在天天被网暴啊，粉丝全都成了黑粉了啊，嘤嘤嘤！

> 都怪你自己瞎折腾啊！

第十一章 新莽篡汉

在众多起义军中,实力最强大的就是绿林军和赤眉军,公元23年,绿林军攻入长安,68岁的王莽在乱军中被杀,他死得很惨,新朝灭亡。

勤勤恳恳工作多年,最后竟然是这个下场,我是不是生错年代了啊?

王莽死后,被绿林军拥戴称帝的汉室宗亲刘玄成为新的天下之主。然而天下并没有太平,原因很简单,造反的队伍很多。不久后,各方势力的混战开始了。

都是名牌叛军,凭啥他们绿林军就能扶植皇帝?

我也是刘姓皇族后代,凭啥刘玄就能当老大?

公元25年,汉室皇族刘秀称帝,他继续沿用国号"汉",因为之前汉朝被王莽灭亡过一次,所以后世就把新朝之前称为西汉,之后称为东汉。

一通操作把自己秀死了啊,嘤嘤嘤!

下一章我就告诉你们什么叫真正的秀操作!

刘秀

秦汉百科小贴士

巾帼豪杰

公元17年，新朝江山天灾人祸不断，百姓揭竿而起。全国各地出现多股反抗义军。在琅琊郡海曲县（今山东日照），有一个善良的富家公子叫吕育，他因为不肯帮助官府欺压穷人而被县宰冤杀，他的母亲吕母决定聚众报仇，当时流民很多，加上吕家一直接济穷人，吕母一呼百应，很快率众攻破县城，处死了县宰。她能征善战，势力迅速发展到数万人，走上了反抗新莽政权的道路。

吕母也是中国历史上农民起义队伍中的第一位女领袖。

> 巾帼不让须眉，红颜更胜儿郎。

吕母

刘秀

东汉

第十二章 光武中兴

新朝的开国皇帝王莽搞了各种用力过猛的改革致使天下大乱，公元23年，以刘玄为首的义军绿林军率先攻入长安，新朝灭亡，但很快各方势力又开始了大乱斗。

> 这么说，我要当皇上了？——刘玄

> 你算老几！我还想当皇上呢！

> 来啊，开打啊！

不久后，一伙强大的势力在乱世中崭露头角，公元25年，汉室宗亲刘秀称帝建国，国号还叫"汉"，史称"东汉"。

> 列祖列宗在上，我小刘给大汉续命啦！——刘秀

公元前5年，王莽被新老板汉哀帝刘欣赶回封地已经一年多了，失去大司马职位的王莽在这期间很少搞社交活动，只能偶尔和邻居聊聊天。

> 邻居们有事都来找我老王啊！——王莽

> 新邻居还真是个热心肠啊！

第十二章 光武中兴

也是在这一年，南阳蔡阳出生了一个男孩，他是汉高祖刘邦的九世孙，妥妥的刘姓皇族，在他出生后，家中菜园里长出了几株巨大的谷穗，父亲刘钦给他取名为刘秀。

这巨无霸谷穗长得也太秀了吧！这孩子就叫刘秀吧！

当初汉武帝为了把权力集中在自己手中，对刘姓列侯实行推恩令，导致各地列侯地盘一代比一代小，所以虽然是皇族出身，但此时刘秀的父亲只是一个"县长"。

按照正常节奏来说，我们家秀儿未来怎么着也能当个村长！

刘钦

然而刘秀连"村长"都没能当上，在他9岁那年，父亲去世了，刘秀被叔叔收养，从此成了一个地地道道的平民，主业是务农种地。

在我们村，我是出了名的种地好手！

227

到了新朝时期，皇帝王莽出台一系列天马行空的政策，导致天下大乱、民不聊生，好多人都有造反的打算，刘秀的哥哥刘縯（yǎn）紧跟潮流，倾家荡产结交豪杰准备造反。

> 秀儿！是时候夺回咱们老刘家的江山了！

> 没问题，咱们先好好计划计划！

刘縯

公元22年，刘縯和刘秀二人在两地组织起义，打出复兴汉朝的旗号招兵买马，这支义军被称为舂（chōng）陵军。

> 复高祖之业，定万世之秋！

> 哥你这口号真好，真是太有文化啦！

第十二章　光武中兴

春陵军刚建立的时候，是一支由专业农民组成的业余军队，也叫杂牌军，他们战斗力差，武器装备更差，连大领导刘秀打仗的时候都是骑牛上阵的。

骑牛打仗？你也太业余了吧……

条件艰苦，有牛骑就不错啦！

因为实力太弱，刘秀就在哥哥刘縯的带领下与绿林军合伙了，在对抗新朝的战斗中，兄弟俩表现优秀，战功卓著，刘秀的坐骑也终于从牛换成了马。

我打！

我踢！

当时人们都很怀念汉朝，绿林军为了笼络人心，想选一个汉朝皇室后裔做皇帝。

然而绿林军却选了一个叫刘玄的人做了皇帝，原因很简单，刘玄能力一般，好控制。从此刘玄被称为更始帝，刘縯和刘秀成了他的臣子。

第十二章 光武中兴

刘縯和刘秀不想和强大的绿林军翻脸，只好乖乖当起了小弟。对于这个新领导他们还能忍，但新朝皇帝王莽可忍不了了。他大手一挥，一口气派42万新朝大军攻打更始帝刘玄。

> 倾家荡产也不能让老刘家叛军做大做强！给朕一波干掉他们！

> 是！

新朝大军第一个目标就是刘秀镇守的昆阳城，这座城里只有9000守军，力量悬殊，好多将领想要逃跑。

> 不慌！他们只有区区42万兵马，咱们拥有整整9000精锐！绝对碾压他们！

> 秀儿，请问你会算术吗？

> 该不是被新朝大军吓出啥大病了吧！

刘秀给手下做了一番思想工作，坚定了他们死守昆阳城的决心，然后他……带着13个人跑了。

> 别误会，我不是逃跑，我是去搬救兵！

231

刘秀前脚刚走,新朝大军就像潮水一般涌向了昆阳城,又是架云梯又是挖地道,40多万人打了将近一个月,愣是打不下来9000人驻守的昆阳城。

关键时刻,刘秀带着一万多"大军"回来了。他带着其中几千骑兵冲锋陷阵,在新朝大军人群中横冲直撞,还亲手杀了几十个人,把手下的将军们都惊呆了。

> 平时那么低调,打硬仗这么猛?

> 秀儿这通操作也太优秀了吧?

> 都低调点,我还没秀完呢!

神奇的是，这场战役中，风雷、暴雨、洪水全都往新朝大军阵地上招呼，最终刘秀带着不到 2 万人彻底击溃 42 万新朝大军，名扬天下。

王莽倾家荡产派出的大军就这样被刘秀彻底消灭了，新朝再也没有反抗义军的能力，短短几个月后，绿林军就攻入长安干掉了王莽，刘玄建立的玄汉政权获得阶段性胜利。

另一边，刘秀的哥哥刘演也打了很多胜仗，他们两兄弟功劳很大，此时更始帝刘玄不高兴了。

> 刘演兄弟功劳这么大，会不会影响我的皇位啊！

刘玄

> 皇上，我知道您想除掉他们，先下手为强……

刘玄以约饭的名义把刘演骗到自己的地盘，以抗命的罪名把刘演除掉了。

> 不知道皇上叫我来有什么事啊？

> 没什么事，就是想把你除掉！

啊！！

刘演被杀后，摆在刘秀面前的只有两条路：一是和刘玄拼命，给哥哥报仇；二是选择暂时隐忍。

报仇　　隐忍

> 我现在很愤怒！马上就要爆发了！哪有心情做选择题！

第十二章 光武中兴

悲愤到极点的刘秀二话不说,气势汹汹地冲到了更始帝刘玄面前,只见他举起大刀,然后"扑通"一声跪下了。

我们哥俩的命都是皇上您给的!小弟我对刀发誓,以后皇上就是我亲大哥!

你这么诚恳朕都不好意思杀你……哦不,是不好意思罚你了!

刘秀知道自己实力还不够,就没和刘玄正面对抗,只是靠着演技获得信任,因为他演得太逼真,刘玄不但没杀他,还给他升了职。从此刘秀白天做演员,夜里才能做回自己。

哥哥放心,等时机成熟,我一定杀掉刘玄为你报仇!

刘秀虽然心里苦,但是没过多久,他的生活就变得甜蜜起来了,因为他迎娶了暗恋多年的女神阴丽华。

丽华,我还在创业期,没能让你嫁入豪门我很惭愧啊!

没关系,姐的家族本来就是豪门!

阴丽华

更始帝刘玄虽然推翻了新朝，但纷乱的天下还没有统一，尤其是河北地区有很多割据势力，刘玄要选一个人去河北劝说割据势力认自己当大哥，他觉得刘秀很合适，却有些顾虑。

> 刘秀能力太强，让他去河北，万一造反了可咋办？

刘秀知道去河北是自己摆脱刘玄的机会，在手下冯异的建议下，刘秀买通大臣为自己拉选票，终于得到了去河北的机会。

> 刘玄手下都是财迷，见钱眼开！

> 把我的家底都给他，为了这个出差河北的机会，我拼了！

在刘秀去河北的路上，有一个叫邓禹的年轻人追了上来，他是刘秀的旧相识，足智多谋才华横溢，后来成了刘秀身边的第一大功臣。

> 你有什么事？想和我去河北出差吗？

> 不不不，我是想助你威震四海，只图个青史留名！

第十二章 光武中兴

刚去河北的刘秀没兵没粮，没钱没地盘，但是他却靠着自己多年积攒下来的好名声收获了很多小迷弟，在这些优质人才的帮助下，刘秀很快发展起了自己的势力。

秀儿河北应援会

> 这些小迷弟送人、送钱、送地盘，没想到我人气居然这么高！

除了小迷弟以外，刘秀还收获了又一桩婚事，他娶了真定王刘杨的外甥女郭圣通，这个财大气粗的新娘子给刘秀带来了超级陪嫁大礼包：10万雄兵。

> 我的外甥女和10万士兵以后就托付给你啦！

> 大舅放心！

刘杨　　郭圣通

刘秀带兵在河北攻城略地，其间又有少年英才耿弇（yǎn）带着北方的精锐骑兵过来投奔他。随后刘秀带兵攻占邯郸，消灭了河北最强的敌人王郎。

> 听说你是河北最强？

> 我错了啊，嘤嘤嘤！

王郎

此时的刘秀手下人才济济，兵强马壮，他派邓禹、冯异、耿弇等英才将领兵分几路南征北战，刘秀亲自率领的军队也势如破竹，灭了好几个割据政权，兵力越打越强，他也正式开除了自己的老板刘玄。

> 秀儿啊，你这趟出差表现真棒，朕必须封你个王！

> 你打发要饭的呢？我不在服务区，再见啦，小玄子！

第十二章 光武中兴

公元 25 年，30 岁的刘秀在鄗（hào）城登基称帝，史称"光武皇帝"，他继续沿用"汉"为国号，东汉王朝正式建立，国都定在了洛阳。

光武皇帝

同年，当初被王莽踢下皇位的刘婴再次被方望立为皇帝。刘婴 4 岁的时候就被王莽关了起来，还不许任何人和他讲话，导致他长大后成了一个傻子，话都说不利索。

方望：傻不傻的不重要，只要是老刘家人就有号召力。

刘婴：傻傻傻……傻子是啥意思？

239

也是在这一年，强大的赤眉军首领樊崇让汉室宗亲刘盆子做了皇帝，刘盆子之前的工作是放牛。

就你们有老刘家后代！谁还不会立个皇帝了？

樊崇

让我当皇帝我同意，别没收我的牛就行！

刘盆子

见天下突然冒出来这么多个刘姓皇帝，更始帝刘玄不乐意了。

怎么冒出来这么多刘家人？朕才是真皇帝！

为了保住饭碗，更始帝刘玄果断出兵，三两下就除掉了看起来不太聪明的刘婴，随后又剑指拥立刘盆子的赤眉军，没想到居然被赤眉军反杀了。

要不是家里起内讧了，朕才不会输给你呢！

不起内讧你也赢不了！

第十二章 光武中兴

刘玄失败后，10万赤眉军涌进长安开始烧杀抢掠，皇宫和皇陵几乎全都被毁了，昔日风光无限的大汉国都长安成了人间炼狱。

赤眉军刚打完仗有些疲惫，一直在暗中观察的刘秀看准机会，派邓禹率汉军从背后袭击赤眉军，战斗开始没多久就出现了一边倒的态势，但倒的竟然是邓禹这边……

背后偷袭都打不过！你也太菜了吧！

我好丢人啊，嘤嘤嘤！

邓禹

不过刘秀身边人才济济，一个将领打输了再换一个就是，他派出冯异继续和赤眉军交战，这一次赤眉军被打得丢盔弃甲，刘秀还亲自率军补刀，赤眉军被彻底团灭。

大哥，我是被迫当皇帝的，您让我回去放牛好不好？

咱俩怎么说也都是老刘家人，我会好好对你的！

在攻打西边赤眉军的同时，刘秀还派盖延等将领攻打东边的另一个皇帝刘永，4年后，刘永盘踞的关东地区被彻底平定。

大家都姓刘，为啥我就打不过你呢，嘤嘤嘤！

你就是个假皇帝，朕才是真天子！关东我就笑纳啦！

刘永

在接下来的6年中，刘秀的兵马高歌猛进，先是拳打陇西（甘肃南部）霸主隗（kuí）嚣，随后脚踢巴蜀老大公孙述，公元36年，战火纷飞的天下再次归于一统。

等一下，皇上，西域匈奴还有一些蛮夷不乖啊，要不要去教训他们一下？

打仗的事到此为止吧，该让百姓休息一下了！

第十二章 光武中兴

从王莽统治后期到天下再次统一，百姓经历了将近 20 年的战乱时期，时不时还有天灾，战死和病饿而死的人不计其数，到刘秀统一天下的时候，人口只剩战前的十分之二三了。

刘秀消灭了敌人后，马上就全身心投入了皇帝的工作中，他动不动就带头加班，十分勤奋。

243

刘秀实行轻徭薄赋、休养生息的策略，首先就是极力避免战争。

皇上，匈奴人总是找碴儿，咱们派兵灭了他们吧！

淡定！跟他们好好聊聊，能不动手就别动手！

刘秀加强中央集权、合并郡县、惩治贪官、善待功臣，在经济上他又鼓励生产、兴修水利、清查土地、打击欺负百姓的豪强。

中央集权

惩治贪官

善待功臣

做人要厚道，做皇帝更要厚道！

奖状

兴修水利

打击豪强

第十二章 光武中兴

在刘秀一系列休养生息政策的推动下，国家的经济重回正轨，重新走上了富强之路。

热身准备完毕，大家注意跟上朕的步伐！预备！冲！

复兴汉室

随着国家日渐强大，很多国家都派代表来到东汉国都洛阳，表示要给刘秀当小弟，包括西域诸国，东南蛮夷部落，东北的扶余、乌桓、鲜卑等。

来就来呗，还拿这么多礼物，以后我就是你们的好大哥，要和睦相处哦！

大哥万岁！

刘秀以农民为起点，上演了一出超级大逆袭，他文武双全，智商情商双在线，南征北战十几年，将四分五裂的大汉江山重新归一，为汉王朝重新续命，他既是东汉的开国之君，也是汉王朝的中兴之主。

公元 57 年，东汉的开国皇帝，一手缔造"光武中兴"的刘秀驾崩，享年 62 岁。不久，刘秀与阴丽华的儿子刘庄继位。

秦汉百科小贴士

汉委奴国王金印

　　1784年4月，在日本福冈志贺岛，一个农民发现了一枚金印，上面刻着"汉委奴国王"五个汉字，中国汉代称日本为"倭"，印文中的"委"字为"倭"字的简略。据《后汉书·东夷传》记载，倭分百余国，使译通于汉者约30国，其中之一为"奴"国。关于它的来历，有人认为是公元57年，倭国（今日本诸岛）派使臣来到洛阳朝见刘秀，表示愿意做大汉的小弟。据说刘秀觉得这些漂洋过海来的人身高很矮，就给他们的国家赐名"倭国"，还以大哥的身份册封这些倭人的领袖为倭奴王，随后将这方金印赐给了他们，作为大汉藩属国的认证。

> 我们想跟您混！以后您就是我们的大哥！给我们取个名字吧！

> 朕看你们这么矮……哦不，是这么袖珍可爱，你们就叫倭人吧！

刘庄

第十三章 明章之治

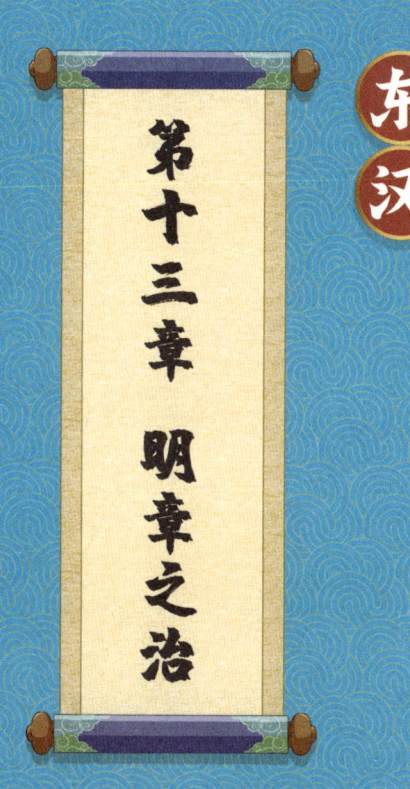

东汉

汉光武帝刘秀经过多年艰苦奋斗，从一个农民成为东汉帝国的开国皇帝。在他驾崩后，太子刘庄继承皇位，即汉明帝。

> 孔子说三十而立，朕30岁当皇帝，时间刚刚好！

汉明帝 三十而立 刘庄

刘庄是刘秀的第四个儿子，从小就特别聪明，10岁的时候就将《春秋》学透了。

> 我们家老四10岁就能讲解《春秋》了，我10岁的时候只会种地。

刘秀称帝以后，原配夫人阴丽华将本该属于自己的皇后之位让给了家族势力更强的郭圣通。

> 秀儿，老郭家族对你事业帮助更大，还是立郭圣通当皇后吧！

> 华华，你真是又懂事，又识大体啊！

阴丽华　刘秀

皇后郭圣通的长子刘彊被立为太子，后来郭皇后的亲戚谋反，刘秀因此废了皇后郭圣通，让阴丽华做了皇后，太子刘彊有些坐不住了。

老妈的皇后之位没了，那我这太子之位怕是坐不稳了！

刘彊审时度势，主动辞去了太子的职位，按照嫡长子继承皇位的老规矩，太子的位置最终传给了阴丽华的长子刘庄。

亲妈当了皇后，我虽然排行老四，但却是嫡长子[①]哦！

[①]嫡长子：指古代宗法制正妻所生的第一个儿子。——编者注

公元 57 年，汉明帝刘庄继位。他继续沿用父亲刘秀与民休息的治国政策，减免赋税、鼓励生产、兴修水利、扶助贫民。

正确的道路就要继续走下去嘛！

天子走正道，百姓生活好！

刘庄对百姓实行仁政，对大臣却十分严厉，他经常亲自监督员工们的工作情况，严格审核，堪称大汉的纪律委员。

> 上班偷懒的、交头接耳的、写错别字的，都要挨鞭子！

> 再也不能偷奸耍滑，好难受！

刘庄对大臣很严厉，对自家亲戚更严厉，外戚贵族不管是谁犯了法，刘庄都会毫不留情地依法处置，树立自己威信的同时还能加强中央集权。

> 皇上，论辈分，我可是你三舅爷！实在亲戚啊！

> 管你是朕的三舅爷还是五舅爷，犯了错就要罚！

铁面无私

从王莽后期开始，长时间的战乱导致黄河无人治理，经常发洪水。刘秀统一天下后，本想修筑一下黄河的堤坝来防止水患，却一直没能实现这个目标。

光武帝

> 毕竟刚打完仗，缺钱又缺人，朕想治理黄河，条件不允许啊！

但在刘庄的努力下，大汉的经济平稳增长，人口不断增加，财大气粗的刘庄决心治理黄河。

> 报告！黄河又发脾气啦！淹死了好多人啊！

> 朕现在要钱有钱，要人有人，黄河泛滥，小事一桩！

公元 69 年，汉明帝刘庄征集了 10 万士兵、民夫治理黄河，他们在水利专家王景的带领下，修筑了 1000 多里的黄河大堤，此后黄河几百年都没再出现大规模泛滥的情况。

> 这回黄河不会再乱发脾气了，哈哈哈！

在生活中，刘庄是一个勤俭节约的皇帝，他以身作则勤劳俭朴，起到了很好的带头作用，王公贵族也因此不敢过奢侈生活，更不敢压榨百姓。

> 我过生日你就送条咸鱼？太抠门了吧！

> 皇上都那么节俭，我哪敢送贵重的礼物啊！

新朝时期，由于王莽的对外政策不友好，中原与西域、匈奴这些邻居都闹翻了。光武帝刘秀统一天下后，为了休养生息，也没有去管西域、匈奴的事情。

> 你们的汉朝老大哥不管你们了，还是和我们匈奴混吧！

> 好的好的！匈奴才是我们的老大哥！

匈奴人 **西域人**

匈奴经历了很长时间的内乱，分裂成了南匈奴和北匈奴，南匈奴不惹事，北匈奴很嚣张，没事就到汉朝边境抢点东西，当初刘秀选择了忍耐，到了刘庄当家的时候，不忍了。

> 我们就喜欢抢你的！你能把我怎么样？

> 真是给你们惯坏了，当朕是个好脾气呢？

第十三章 明章之治

公元 73 年，刘庄派大将窦固率军进攻北匈奴，汉军高歌猛进，在天山击败了北匈奴。

窦固：听说你们喜欢抢劫？

大汉朝的脾气怎么突然就变得这么大啊，嘤嘤嘤！

窦固派一个十分信任的手下班超带着 36 个人出使西域鄯善国，但此时的鄯善国在匈奴的控制下，班超知道自己人少，就偷偷除掉了匈奴使者，逼迫鄯善臣服于大汉。

班超：匈奴使者死在你们这儿，要是觉得没法和匈奴交代的话，不如跟着我们汉朝混吧！

鄯善国王：他带着 36 个人就敢杀匈奴使者，是个敢玩命的主，我们还是听他的吧！

有道理，听你的！

255

随后班超又逼迫于阗、疏勒两国臣服汉朝，他凭着过人的胆识和智慧，让原本臣属于匈奴的三个西域国家恢复了与汉朝的臣属关系。

> 靠着36个人摆平三个国家，这样的操作牛不牛？

公元74年，在与西域断绝友好关系65年后，汉朝再次设立西域都护府，重新恢复了对西域地区的统治。

> 我离开你太久啦！大哥！

> 朕想死你们啦！以后记得常联系哦！

公元75年，汉明帝刘庄去世，享年48岁，他在位期间治理黄河、收复西域、北击匈奴、休养生息，百姓安居乐业，不到20年的时间，全国人口激增了将近一倍。

> 朕的工作成绩不算突出，但也还凑合吧！

刘庄的继承人是他第五个儿子刘炟（dá），史称"汉章帝"，他继位的时候才19岁。

> 19岁不小啦，已经可以扛起治国的责任啦！

刘炟

但凡新皇帝上任都会做一些好事求个吉利，比如大赦天下、减免赋税之类的，刘炟也不例外，好事做了，吉利却没求到。他刚即位，天下就闹灾了……

> 刚当了皇帝，瘟疫旱灾都来了，这是什么运气啊，嘤嘤嘤！

瘟疫　干旱

面对突如其来的天灾，年轻的刘炟没有慌乱，而是马上采取有效措施，他减免受灾地区的赋税，打开粮仓赈济灾民。

> 皇上已经下旨开仓放粮，大家不用害怕挨饿啦！

> 我们的皇上真是爱民如子啊！

在刘炟的尽心工作下，瘟疫和旱灾逐渐得到了平息，但俗话说"祸不单行"，几乎在中原受灾的同时，另一边的西域也出事了。

> 皇上，咱的西域小弟们打起来啦！

> 东边天灾刚平息一点，西边又闹人祸啊，嘤嘤嘤！

北匈奴趁着汉朝刚换皇帝政局不稳，就联合车师国进攻汉朝在西域的地盘，其他小国也总是打架，刘炟见西域那么乱，也就不想管了。

> 主要是因为西域实在太远了，朕有劲也使不上啊！

公元76年，刘炟下令撤销西域都护府，让在那边出差的员工全都撤回中原，其中的代表人物就是班超，此时他已经帮助大汉属国疏勒国守了一年城了。

> 龟兹和姑墨这两个叛徒合伙打我，还好有班超你帮忙，不然我就灭国啦！

疏勒王

> 我好像不能留在这里帮你了，因为皇上喊我回国吃饭了……

自从带着 36 个人征服西域三国后，班超在汉朝的西域属国中有了举足轻重的地位，听说班超要走，西域各个附属国都很担忧，疏勒国甚至有大臣因此自尽。

班超不想放弃西域，最终还是留在这里。

从最初带着 36 人走进西域，班超多次以少胜多，前后用了 31 年的时间为汉朝收服了西域 50 多个国家。后来朝廷为了奖励班超卓越的成绩，在万里之外的洛阳封他为定远侯，传下了"万里封侯"的佳话。

班超横扫西域打出了东汉的国威，很多国家都主动给汉朝送礼交朋友，其中比较特别的就是安息国、大月氏在公元 87 年遣使送来的一头狮子，狮子也从这时开始传入中国。

> 恢复和西域的联系真好！总能看见点新鲜东西，这就是传说中的神兽吗？

第十三章 明章之治

别看班超战功卓著，其实他出身于书香门第，从小博览群书，是个优秀的文科生，他的父亲班彪、哥哥班固、妹妹班昭都是著名的文学家、史学家，班彪、班固、班昭三人还修了一部比肩《史记》的史学巨著《汉书》，可以说班超全家都是名垂青史的人物。

功在千秋

班彪　班固　班超　班昭

我的故事还没讲完，晚点再出场哦！

班超能顺利收复西域，离不开刘炟的大力支持。刘炟是一个对大臣很和善的皇帝，很少像他父亲刘庄那样用酷刑收拾手下。

今年所有员工假期翻倍，福利翻倍，奖金翻倍！

皇上您真是太体贴啦！

我要永远做您的快乐打工人！

261

汉明帝刘庄和汉章帝刘炟两代帝王励精图治、奋发图强，为东汉延续了多年稳定发展的时期，逐渐将东汉的国力推向鼎盛，史称"明章之治"。

公元 88 年，汉章帝刘炟驾崩，终年 33 岁。年仅 9 岁的太子刘肇（zhào）继位，史称"汉和帝"，因为皇帝年幼，由他的养母窦太后临朝称制。

什么是临朝称制？

就是说以后工作和生活中所有的事，都是我说了算！

秦汉百科小贴士

天竺取经

传说，有一次刘庄做了一个奇怪的梦，梦见一个高大的金人，头顶上发出白光，降临在宫殿的中央，随后突然腾空而起，向西飞走了。第二天朝会时，他向群臣说了梦到的事。有个叫傅毅的大臣说，那可能是来自西方被人称之为"佛"的仙人，明帝听说西方有仙人，就派大臣蔡愔等十八人去寻找，他们跋山涉水一路向西来到了天竺，从天竺带回了一些佛门子弟和佛经，从此中原开始有了佛学文化。

刘庄对蔡愔带回来的佛家文化十分感兴趣，就在洛阳建了中国第一座佛寺，为了纪念蔡愔等使臣用白马从天竺驮着佛经归来，这座寺庙就被命名为"白马寺"。

> 不远万里天竺取经，这真是一段艰难的旅程啊！

刘肇

第十四章 永元之隆

东汉

汉章帝刘炟是一个比较有作为的皇帝，只可惜33岁就驾崩了，他的继承人汉和帝刘肇只有9岁，年纪太小没办法处理国家大事，所以刘肇皇帝的工作就交给了他的养母窦太后。

> 先皇是英年早逝，我是幼年早登基。

> 这孩子年纪小，不如先聊聊我的故事？

刘肇 **窦太后**

窦太后曾经是一个大美女，而且知书达理待人和善，深得汉章帝刘炟的喜爱，入宫没多久就被封为皇后。

> 你就像一轮明月，区别在于，月亮在天上，你在朕心里！

> 我就是皇上的心动女孩！

刘炟

窦皇后不仅是个心动女孩，还是一个心机女孩，她自己一直没有孩子，就把刘炟嫔妃梁贵人的儿子收养在了身边，这个孩子就是刘肇。

> 没有儿子不要紧，从别人那儿抢过来一个就好了！

第十四章 永元之隆

窦皇后抢了个儿子还不够，竟然又怂恿刘炟废掉了太子刘庆，将自己的养子刘肇推上了太子之位。接着她又先后害死了刘炟的四个嫔妃，其中就包括刘肇的生母梁贵人。

> 抢走我的儿子，还想要我的命，姓窦的太狠毒啦，嘤嘤嘤！

> 这就是后宫，智商不够活不了多久！

可以说，刘肇能继承皇位，完全是靠窦皇后的努力，作为头号大功臣的窦皇后在刘肇即位后也得到了丰厚的回报，那就是太后的高位和只手遮天的权力。

> 我的成功离不开我的团队，这份荣誉属于团队里的所有人！

窦太后的团队就是她的一众娘家亲戚，她掌权后，马上就给窦家兄弟们封官，朝廷里的重要岗位几乎都换成了窦太后的亲信，没错，又出现了皇帝年幼、外戚专权的剧情。

位高权重

窦宪　窦笃　窦景　窦瑰

> 我提拔官员只看一点，就是他姓不姓窦！

267

在窦氏外戚中,最嚣张的当数窦太后的哥哥窦宪,他身居高位,又有太后撑腰,在朝廷里横行霸道,甚至杀人都没被判罪。

> 在我的世界里,只有我欺负别人的份!谁敢欺负我?

嚣张 窦宪

但是窦宪有些嚣张过头了,都乡侯刘畅是个大帅哥,和窦太后的关系十分亲近,窦宪怕刘畅和他争权,竟然派刺客刺杀了刘畅,但刘畅既是皇族,又是窦太后亲近的人。

> 你竟然杀了我最喜欢……哦不,竟然敢杀皇上的亲戚?

> 看来我的世界偶尔也有欺负不了的人啊!

窦宪知道自己惹祸了,就想出了一个将功赎罪的办法,他提出带兵出征攻打北匈奴的计划,却遭到了很多大臣的反对,而窦太后却批准了这个计划。

> 打仗耗费国力,我反对!

> 打仗百姓受苦,我也反对!

> 现在是我当家!你们反对无效!

窦宪虽然嚣张跋扈，却是个战争天才，他率领汉军出塞 3000 里大破北匈奴，斩杀一万多人，俘获牛羊马匹无数，降服 20 多万北匈奴人，窦宪还登上燕然山刻字留念，史称"勒石燕然"。

当初霍去病封狼居胥，今天我窦宪勒石燕然！

窦宪一战基本解决了北匈奴人对中原的威胁，被打跑的北匈奴单于最终投降，东汉朝廷设立北匈奴都护，汉和帝刘肇成了南北匈奴和西域各国共同的主人。

朕总觉得自己并不是真正的主人啊！

立了大功的窦宪回到东汉朝廷后升职加薪，窦太后也顺理成章地大肆封赏娘家亲戚，窦氏外戚在汉家天下横行霸道，这还不够，窦宪的小弟邓叠、女婿郭举等人竟然密谋造反。

> 刘肇就是个摆设，留着他干吗？

> 那孩子中看不中用，不如干掉！

汉和帝刘肇暗中得知外戚要造反的消息，14岁的他决定铲除外戚，第一步就是研究《汉书·外戚传》里的内容。

> 铲除外戚该怎么办？实在没啥经验，先查查资料研究一下具体方法！

《汉书·外戚传》

朝廷里的大臣基本都是外戚集团的忠实粉丝，刘肇思来想去，觉得身边的宦官十分可靠，他第二步就是拉拢以郑众为首的宦官势力。

> 朕最欣赏的就是你这种身残志坚的人！比他老窦家的人强多了！

> 皇上懂我，我一定不会让皇上失望的！

郑众

第十四章 永元之隆

在宦官郑众的帮助下，刘肇获得了洛阳少量禁军的指挥权，但正在外打仗的窦宪掌管大批兵马，刘肇不能正面对抗，他的第三步计划就是创造窦宪落单的机会，然后发动突然袭击。

> 大舅，快回洛阳吧，朕精心给你准备了惊喜哦！

> 还有惊喜？我大外甥懂事了，好！我马上回去！

不久，出征归来的窦宪回到洛阳，进城自然是不能带兵的，刘肇看准窦宪落单的时机，马上下令禁军封锁城门和主要街道，分头抓捕窦氏家族成员。

> 窦宪已经进城了，开始行动！代号：关门打狗！

关门打狗

公元92年，窦氏家族主要成员被一网打尽，图谋造反的郭举父子等人被处死，窦太后被软禁，窦宪被夺取兵权后，和窦笃、窦景、窦瑰几个弟弟被赶出洛阳，不久后都自尽了。

> 大舅，这就是朕给你的惊喜！你还满意吗？

> 哪有惊喜，全是惊吓啊，嘤嘤嘤！

做了 5 年傀儡皇帝的刘肇几乎在一夜之间彻底扫除了专权的窦氏外戚，从此真正掌握了皇帝的权力，这一年他才 14 岁。

> 情商智商双在线，自古英雄出少年！

别人还在上初中的年纪，刘肇已经开始了自己的职业生涯，继续推行轻徭薄赋、休养生息的积极政策，同时也懂得体恤百姓、重视人才，不但工作能力强，还十分勤勉。

> 这都午夜了，皇上正是长身体的时候，要多注意休息啊！

> 不休息，朕要快乐加班，幸福成长！

刘肇对百姓十分体恤，当有百姓无家可归、食不果腹的时候，刘肇会把皇家山林果园开放供灾民采摘以填饱肚子。

> 做梦都没想过有一天竟然能免费进到皇家的山林啊！

> 要不是皇上开明，我们恐怕就饿死啦，嘤嘤嘤！

皇家果园

第十四章 永元之隆

当有人上奏，为了从遥远的南方翻山越岭给洛阳朝廷运送荔枝，好多人累死在路上时，刘肇马上下令地方停止给朝廷供应荔枝。

> 这些南方特产虽然好吃，但是劳民伤财，以后就不用供应了！

> 皇上能理解我们快递小哥的辛苦，真是太贴心啦！

刘肇治国有方，国家迎来了平稳的发展时期，而各地的邻居们却开始不老实了，原本臣服的南匈奴和北匈奴势力先后发生了叛乱，但很快就被刘肇派兵镇压了。

> 都老实点，朕能以文治国，也能以武治你们！

公元 94 年，北匈奴再次反叛，刘肇派汉、南匈奴、鲜卑、乌桓联军一起猛攻北匈奴，前后消灭了 17000 多叛军，北匈奴单于不久后投降。

> 你们挨打这么多次怎么就是不长记性呢？

> 以后再也不敢啦，嘤嘤嘤！

273

在刘肇派兵纵横漠北的同时,西域都护班超也在横扫西域,让50多个西域国家臣服于汉朝,还击败了中亚强国贵霜帝国,东汉因此而威名远扬。

西域各国送来了50多个王子做人质。

这些王子不是人质,而是他们臣服朕的诚意,哈哈哈!

后来班超派甘英出使大秦，虽然使团被大海（有波斯湾之说，也有地中海之说）挡住没能到达，却将大汉文明间接传到了西方。公元 100 年，西域的蒙奇和兜勒地区派使者来到洛阳，表示想做汉朝的小弟。

我们不远万里来到这里，就是想叫一声大哥！大哥！大哥！

没问题，朕给你个印章，就算咱们君臣关系的凭证！

公元 101 年，安息帝国向刘肇进献了一种不会飞的大鸟，当时称之为"条枝大爵"，"条枝"指条支国（在今伊拉克境内），"大爵"即大雀，也就是我们现在熟知的鸵鸟，这是鸵鸟早期来到中国的记录。

这个大鸟腿长脖子长，跑得特别快！

那你和它比赛跑，让朕看谁跑得快！

在武功方面，刘肇派兵多次平息青藏高原地区的羌人叛乱，设立西海郡，将青海湖纳入版图。他还大破南方地区蛮夷势力的反叛，稳固了对岭南地区的统治，又击破鲜卑等北方势力的搅扰。

在文治方面，刘肇命令才女班昭将班彪和班固两代人未完成的史学巨著《汉书》续写完成，还让她进皇宫为嫔妃们讲学。班昭曾嫁入曹家，所以她被尊称为"曹大家①（gū）"。

① 大家：通大姑，古代对聪慧女子的尊称。——编者注

班昭是中国历史上第一位女史学家、女教育家，她在讲学的过程中，和嫔妃邓绥成了好闺密。

在刘肇的授意下，大臣许慎用了 20 年时间完成了中国历史上第一部按部首编排的字典《说文解字》。

可惜刘肇没能看到这部著作，公元 105 年，汉和帝刘肇因病驾崩，年仅 27 岁，他在位 17 年，清除外戚、奋发图强，东汉的国力达到顶峰，史称"永元之隆"。

一手缔造永元之隆的汉和帝刘肇驾崩后，他的小儿子刘隆继位，史称"汉殇帝"，此时的刘隆刚刚出生 100 多天，还是个婴儿，他也是中国历史上年纪最小的皇帝。太后邓绥临朝听政。

秦汉百科小贴士

蔡侯纸

刘肇也十分重视对国防力量的建设,他命宦官蔡伦为尚方令,负责军械制造。蔡伦制造出了各种高质量的兵器,被后世争相模仿。

> 能为大汉国防事业做出贡献,我感到很荣幸。

蔡伦

在东汉以前,人们大多是在竹简或是绢帛上书写文字,不是使用不方便就是太贵。蔡伦命人用树皮、破麻布、旧渔网经过反复试验造出了轻薄柔韧、取材容易、价格低廉的纸。公元105年,蔡伦将他改进的纸拿给刘肇看,刘肇称赞了蔡伦,也开始使用纸,民间称之为"蔡侯纸"。

> 一捆竹简写不了多少字还占地方,绢帛又太贵,相比之下你这纸的性价比真的很高啊!

> 后来蔡伦改进的造纸术通过丝绸之路逐渐传播到各地,至今纸仍然是人类生活中不可或缺的东西。

刘祜

刘志

刘保

第十五章 宦戚江山

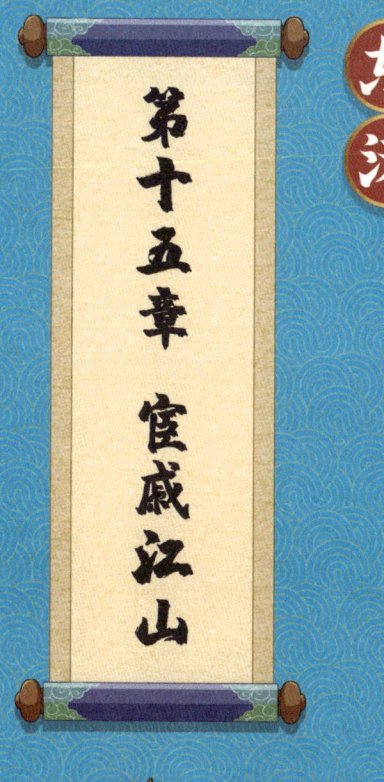

东汉

汉和帝刘肇留下了一个史称"永元之隆"的盛世，却没能留下一个完美的继承人，他只有一个得怪病的长子刘胜和出生刚过百天的幼子刘隆，新任太后邓绥毫不犹豫地选择了后者。

> 有什么好犹豫的，皇帝怎么能有病！长远考虑当然应该选刘隆啊！

邓太后

公元 105 年，在汉和帝刘肇驾崩的当天夜里，还是婴儿的刘隆登基，成了历史上登基年龄最小的皇帝，史称"汉殇帝"，朝政大权掌握在了皇太后邓绥的手中。

> 皇帝年幼，我……

> 不必多说，懂的都懂！一切都听太后的安排！

邓绥是一个身材修长、颜值超高的大美女，每次出现都会成为人群中的焦点。

> 女神啊！

> 姐姐好漂亮！

> 最靓的明星啊！

邓绥不光有逆天的颜值，更有出众的才华，她16岁入宫，随后走进了才女班昭的课堂学习，从文史典籍到天文算术，从诸子百家到政论律法，可以说是博览群书。

有颜又有才，我是一个高颜值学霸！

学 霸

在学习的过程中，邓绥和老师班昭渐渐成了亦师亦友的好闺密，邓绥做了太后，经常把班昭请到身边讨论国事。

姐妹齐心，其利断金！

师徒同行，天下太平！

班昭

刘隆登基以后全国接连发生大规模水灾，北边的鲜卑人也开始入侵。邓太后一边积极赈灾，一边派有才能的将领去守卫边关，最终稳定了局势。

天灾人祸的，想欺负我们孤儿寡母？我邓绥可不答应！

正在邓太后勤恳工作的时候，皇帝刘隆突然驾崩了，此时距离他登基仅仅200多天，驾崩的时候还不满一周岁，成了中国历史上寿命最短的皇帝。

> 我是让你做皇帝的，不是让你用生命来破历史纪录的，嘤嘤嘤！

在刘隆去世的当天，邓太后马上就找了个新皇帝，清河王刘庆的儿子刘祜（hù），时年13岁，史称"汉安帝"，此时实权还是掌握在邓太后手中。

> 皇帝年幼，我……

> 不必多说，老规矩，一切都听太后安排。

按照以往惯例，太后掌权都会大规模提拔自己的娘家亲戚，还会纵容他们为非作歹，邓太后却是个例外，她从不偏袒娘家亲戚，选拔官员也只看能力不论亲疏。

> 不论是谁作奸犯科都要依法惩治，咱们老邓家要以身作则！

> 得不到好处，还被重点监督……

> 做邓太后的亲戚好难啊！

第十五章 宦戚江山

想要治国单靠一个人的力量是不够的，邓太后的治国团队除了班昭这个好闺密，还有邓骘、郑众和蔡伦，当然皇帝刘祜也是团队成员，虽然没什么太大贡献。

优秀团队

郑众　班昭　刘祜　邓骘　蔡伦

邓太后的团队很有实力，工作成绩也很突出，但因为团队里又有宦官又有外戚，所以邓太后的小团队遭到了群臣反对。

从前几章的故事总结来说，宦官和外戚就没什么好人！

这两拨人合作起来那不反了天？必须把他们扼杀在摇篮里！

有一次，几个大臣想用偷袭的方式毁掉邓太后的团队，结果还没等动手就被邓太后反杀了。

我每天勤勉工作够累了，你们还没事找事是吧？

285

邓太后虽然很努力地工作，可惜运气实在不好，自从她掌权以来，大汉每年都有天灾发生，连续将近十年。

> 去年闹水灾今年闹旱灾，臣有些顶不住了啊！

> 天塌下来我顶着！大家要有信心啊！

每次闹灾的时候，邓太后就担心得彻夜失眠，她节省自己的生活开支，带头省吃俭用，年年打开粮仓救济灾民，还将国家的土地赐给灾民耕种。

> 太后每天都吃这么少，是为了减肥塑身吗？

> 我这是勒紧腰带省点钱，可以苦自己，不能苦百姓！

除此之外，邓太后还兴修水利、奖励耕作、兴办学堂、惩治贪腐、推行针对老弱病残和灾民的社会福利政策，连年受灾的大汉王朝逐渐恢复国力，百姓能安居乐业。

> 社会福利好，生活无烦恼！

> 赈灾政策优，灾民不担忧！

都说福无双至祸不单行，邓太后掌权时期，除了连年天灾，大汉曾经的小弟羌人也趁乱造反了，从公元 107 年开始，邓太后多次派兵攻打反叛的羌人，用了十多年时间终于平定了羌乱。

> 邓太后不发威，你当我是乖乖女？

> 我们错啦，您是女强人，女英雄，女中豪杰！

想趁火打劫的不只羌人，还有南匈奴、鲜卑、乌桓、西南夷这些曾经的小弟也都陆续反叛，结果无一例外，全都被邓太后收拾了。

> 当年先皇们教你们认大哥，今天我邓太后教你们认大姐！

> 高高兴兴抢劫来，凄凄惨惨回家去啊，嘤嘤嘤！

沿海地区也不太平，公元 109 年，以张伯路为首的海盗入侵沿海九郡，他们也是历史记载最早的海盗，可没多久就被邓太后派兵剿灭，海盗头头张伯路被斩首。

> 听说你是初代航海王，想要开启航海时代？

> 我的航海梦被你亲手终结了啊！

在外交方面，邓太后施行很开明的政策，倭国（日本）等国曾以小弟的身份来给汉朝送礼物。公元 120 年，邓太后见到了一位来自罗马的魔术师，他一上来就给太后表演了吐火、跳丸杂耍等新鲜节目。

不错不错，这个节目我喜欢！

公元 121 年，皇太后邓绥去世，享年 41 岁，她执掌大汉朝政 17 年，将内忧外患的东汉王朝重新扶上正轨，她的事迹对后世产生了深远影响，被视为历代临朝太后的典范。

虽然生命很短暂，但我过得很充实！

母仪天下

邓太后去世后，做了十几年摆设的汉安帝刘祜终于闪亮登场。

跑了这么多年龙套，现在终于成主角儿啦！聚光灯快往我这儿打过来！

刘祜

第十五章 宫威江山

刘祜掌权后干的第一件事，就是大兴冤狱，邓太后的亲信都被他强加罪名关了起来，好多都被逼而死，发明造纸术的宦官蔡伦服毒自杀，大臣邓骘绝食身亡。

我冤啊！
蔡伦

他们一个乱喝药一个不吃饭，关朕什么事儿？

我又饿又冤啊！
邓骘

在粗暴地扫除掉邓太后的势力以后，刘祜开始大力扶植生母耿姬的娘家亲戚，又给祖母宋贵人的兄弟们封侯，妻子阎皇后的兄弟们也都被封了官，朝廷里到处都是外戚。

亲妈的娘家亲戚才是真的亲戚，朕不封赏他们还能封赏谁？

耿姬

除了外戚，刘祜还给宦官封侯，这些宦官和阎皇后一起怂恿刘祜废掉太子。刘祜因为太过宠爱阎皇后，就不顾大臣们的反对，把太子刘保废了。

> 因为太子不是我的亲儿子……哦不，是太子天天犯错，应该废了他！

阎皇后

> 皇后说啥就是啥！朕现在就让太子下岗！

公元 125 年，刘祜在出行途中突然驾崩，年仅 32 岁，他做了 19 年皇帝，大部分时间都躲在邓太后身边当摆设，亲政后在工作上也没什么太大的作为。

> 朕只当了 4 年主角儿！时间这么短，还能有啥作为，嘤嘤嘤！

刘祜驾崩后，阎皇后为了能掌控朝政，没有让废太子刘保继位，而是选择了年幼的北乡侯刘懿继承皇位，朝政把持在阎皇后和他的哥哥阎显为首的阎氏兄弟手中。

> 又是皇帝年幼的剧情！

> 又是太后临朝的桥段！

> 不必多说，懂的都懂，一切都听太后安排。

阎显 **刘懿**

然而这个刘懿只当了200多天皇帝就去世了。

> 朕这领盒饭的速度比路人甲还快啊，嘤嘤嘤！

阎太后和阎氏兄弟们为了能继续掌权，就一边封锁刘懿驾崩的消息，一边抓紧挑选下一个方便控制的继承人。

> 这座宫殿里有一个不能说的秘密，把门窗关好！

> 我得抓紧时间找一个年幼的刘氏宗亲过来继位！

公元125年，就在阎氏家族关门开会商量找哪个小朋友继承皇位的时候，废太子刘保在19个宦官的帮助下率先登基了，史称"汉顺帝"。

汉顺帝

> 朕突然登基，是不是让你们有些猝不及防啊？

> 一切竟如此突然。

> 脑瓜子嗡嗡的……

291

刘保即位后马上就将把持朝政的阎氏家族全都灭了，阎太后被赶到了皇城外的宫殿居住，而帮助刘保坐上皇位的19个宦官全都被封了侯，史称"十九侯"。

> 有功就要奖励，犯了罪就要惩罚，朕就是这样赏罚分明！

当初汉安帝刘祜冤枉了很多邓太后的亲信，而汉顺帝刘保明辨是非，他非常认可邓太后的功绩，即位后马上给那些蒙受冤屈的人平反。

> 正义虽然迟到了，但终究还是会来的！

> 终于有人给我们老邓家洗刷冤屈了啊，嘤嘤嘤！

由于汉朝皇帝更换太过频繁，周边的邻居们经常造反，刘保先后派兵平息了鲜卑、钟羌、西域的叛乱，还积极赈济贫民、减免刑罚。他扩建了当时的顶级学府太学，亲自参与人才选拔的工作。

> 朕的工作成绩是不是可以打100分啦？

为了方便了解地方官贪污受贿的情况，刘保精心挑选了八位有名望的人才，到全国各地调查贪腐情况，他们惩恶扬善，得到了"八俊"的美名。

> 我刚到这儿，没等查呢你们就自首了？

> 八俊的名声太响，知道您要来，我们就主动认罪，求个宽大处理。

坦白从宽

虽然刘保是靠宦官登上皇位的，还一口气给19个宦官封了侯，但他从来不惯着宦官，他在位期间，处死了很多惹是生非的宦官和他们的党羽。

> 你们这些人没事就打小报告诬陷忠臣，朕必须给你们点教训！

> 皇上真是一点情面都不给啊！

公元132年，刘保将妻子梁氏立为皇后，将梁氏的父亲梁商封为大将军，梁商虽然位高权重却十分谦虚低调，经常给刘保推荐有才能的人，还总是用家财救济灾民，是个不折不扣的好官。

> 这是百姓给你送来的牌匾，老丈人真给朕长脸啊！

> 皇上弄得臣都不好意思了。

梁商是个好官，他的儿子梁冀却是个十足的坏人，公元141年，梁商去世，梁冀成了大将军，随后就开始拉帮结伙贪污受贿，做了很多坏事。

> 我就是要和父亲走相反的风格，就是这么叛逆！

> 咱家的好名声都被你给败了！

第十五章 宦戚江山

梁冀长着副凶恶的嘴脸，说话口齿不清，他从小不学无术、游手好闲，是个爱喝酒的小混混，靠着妹妹和父亲的关系才在朝廷做了官。

> 从小有一个习惯，就是喜欢横着走路。

> 你是属大闸蟹的吗？

公元144年，30岁的汉顺帝刘保突然驾崩，年仅2岁的皇太子刘炳继位，史称"汉冲帝"，梁皇太后临朝听政，从此梁冀变得更加嚣张跋扈。

> 大哥，你在皇上面前能不能低调点！

> 这小奶娃能懂啥？现在天下是咱们梁家人做主，有啥好低调的！

梁皇太后　刘炳

第二年，即位刚刚半年的汉冲帝刘炳也因病驾崩了，梁太后与梁冀将年仅8岁的刘缵（zuǎn）立为皇帝，史称"汉质帝"。此时的梁冀大权在握，已经狂得没边了。

> 大哥，你在皇上面前能不能低调点！

> 这小奶娃能懂啥？现在皇上都是咱们梁家人挑选，有啥好低调的！

刘缵

295

虽然刘缵只有8岁，却十分懂事，大将军梁冀在朝堂上的嚣张行为他都看在眼里。有一次在朝会上，小小年纪的刘缵竟然当众训斥不可一世的梁冀，梁冀从此记恨刘缵。

> 你就是个跋扈将军！

不久，梁冀竟然派手下给刘缵吃的汤饼里下毒，刘缵吃下汤饼就开始肚子疼。

> 给朕拿水来，朕还能抢救一下！

> 不能给水，喝完水皇上就得吐，弄脏地板可不好！

公元146年，汉质帝刘缵被梁冀毒死，年仅9岁。随后梁冀让15岁的刘志继承皇位，史称"汉桓帝"。梁冀把自己的女儿梁氏嫁给了刘志，刘志也让梁氏做了皇后。

> 大哥你能不能……算了。

> 你想让我低调点是吧？现在皇上是我的女婿，一家人有啥低调的！

> 朕同意岳父的说法！

刘志

第十五章 宦戚江山

公元150年，梁太后病逝，将权力还给了刘志，但实权却还在梁冀手中，大权在握的他骄横到了极点，平时朝廷里的官员没人敢违抗他的命令，甚至都不敢和他对视。

敢违抗我的人都被我除掉了，哈哈哈！

他看不见我，他看不见我……

刘志曾封给梁冀无数的财富和封地，但贪得无厌的梁冀还嫌不够，还派他的手下收集各地富户的情报，然后开始敲诈勒索，不给钱就给富户安上罪名，然后按律抄家，把抄来的家产全都收进自己的钱包。

看什么看？没见过劫富不济贫的帅哥啊！转过去！

你存的都是我的钱啊，嘤嘤嘤！

梁冀只手遮天20多年，汉桓帝刘志忍无可忍，他找了五个信得过的宦官密谋除掉梁冀，传说他们是在厕所开的会。

> 梁冀耳目太多，只能选在这儿开会了，虽然臭，但是安全。

> 我们帮皇上制订一个计划！

> 制订一个有味道的计划……

刘志先是清除了梁冀安排在自己身边的奸细，随后让宦官带兵包围了梁冀的家，没收了梁冀的大将军印，恶贯满盈的梁冀最终自尽。

> 完了，这回我死定了，让别人动手不如我自己动手！

自尽

梁冀死后，刘志顺手将他的家族清除得一干二净，所有臣服于梁冀的大臣全都开除，还把梁冀的家产全部清算变卖，得到了30亿的财产，发了大财的刘志反手就减免了天下百姓一半的租税。

梁冀竟然贪了这么多钱？太可恨了！把这些赃款全都送回皇宫！

梁冀一倒，皇上吃饱！

皇上吃饱，人人都好！

清除了梁氏外戚后，刘志终于可以挺直腰板做皇帝了，他给帮助自己除掉梁冀的五个宦官全都封了侯，史称"五侯"，宦官势力闪亮登场。

五侯

"五侯"上位以后变得嚣张跋扈，没几年就被刘志开除了，但是又有其他阴险的宦官轮番上阵，他们颠倒黑白搬弄是非，诬告朝廷中的正直大臣。

相比大臣，刘志似乎更加信任宦官，在宦官的怂恿下，刘志一口气抓了200多名正直大臣，将他们关了起来。

虽然没过多久刘志就把这些大臣放回了家，但却把他们的名字都做了记录，把他们禁锢在家，终生不能再做官，史称"党锢之祸"。从此，朝廷中宦官越来越嚣张，正直的大臣越来越少。

刘志自从登上皇位以来，先是外戚梁冀专权，后来又是宦官专政，紧接着就是大臣和宦官之间的争斗，朝堂里似乎就没安宁过，但好在刘志该赈灾赈灾，该打仗打仗，该见外宾见外宾，至少没把自己的本职工作彻底荒废。

公元 167 年，汉桓帝刘志驾崩，年仅 36 岁。

和前面那八位皇帝比，朕可是最长寿的！

驾崩

刘志曾先后废过 3 个皇后，坐拥 6000 多个宫女，但他居然没有留下一个孩子，在他驾崩后，皇后窦妙和她的父亲窦武又选择了一个十几岁的孩子刘宏继位，史称"汉灵帝"。

汉灵帝

刘宏

秦汉百科小贴士

暗夜之星

从汉殇帝即位到汉桓帝驾崩期间，皇帝一个比一个命短，导致外戚干政、宦官专权，同时天灾人祸也时有发生，算是一个比较黑暗的时期，但也是一个文化科技进步的时代。蔡伦改进了造纸术，许慎完成了"字典鼻祖"《说文解字》。公元111年，也就是邓绥太后执政期间，张衡被请到朝廷做官，据说他完成了天文历法著作《灵宪》《浑天仪图注》，数学著作《算罔论》，文学作品《二京赋》《归田赋》等。

公元132年，张衡发明了精巧的科学仪器"候风地动仪"，能准确预测到地震方向。据说他还改良了天文仪器"浑天仪"。他善于机械制造，传说还发明了记里鼓车、指南车等先进仪器。

刘协　刘宏

第十六章 汉室倾颓

东汉

汉桓帝刘志驾崩的时候只有 36 岁，皇后窦妙临朝听政，她找来自己的父亲窦武来帮忙主持工作。

在地方官员的推荐下，窦妙和窦武等人一拍即合，选择了 12 岁的刘宏继承皇位，史称"汉灵帝"。

第十六章 汉室倾颓

当初在宦官的挑唆下，汉桓帝刘志在党锢之祸中狠狠打击了朝廷里的大臣，汉灵帝即位后，掌权的窦武解放了大批被限制自由的大臣，这些大臣准备向陷害他们的宦官复仇了。此时大臣集团对宦官集团有着压倒性的优势。

可是窦太后和窦武一直犹豫不决，到处宣扬自己要灭宦官却不抓紧实施，光打雷不下雨，导致计划泄露，给了宦官反击的机会。

宦官们决定率先动手,他们挟持了皇帝和窦太后,又假传圣旨,调动军队抓捕窦武,最终窦武自尽,窦氏家族的亲朋好友都被处死,窦太后也被软禁,宦官势力掌握大权。

> 口号喊得震天响,今天就看看谁先死!

> 犹豫不决坏大事啊,嘤嘤嘤!

汉灵帝刘宏年轻贪玩,在工作上,刘宏对宦官言听计从;在娱乐上,宦官对刘宏言听计从。

> 工作的事你们说了算,玩乐的事朕说了算。

> 皇上英明!

为了进一步掌控权力,宦官又诬陷其他有名望的大臣,年轻的刘宏被利用,一下子处死了上百个大臣,还有七八百名有才华的人被囚禁或流放,第二次"党锢之祸"兴起。

> 皇上!那些大臣拉帮结伙在密谋造反!

> 除掉他们,全都除掉,朕好怕啊!

第十六章 汉室倾颓

朝廷里勤勤恳恳工作的大臣们几乎都被除掉了，一时之间很多岗位出现空缺，刘宏虽然不太靠谱，但是在任命大臣的工作上却十分积极。

> 皇上，大臣都被您收拾干净了，没人上班，工作该给谁干啊？

> 慌什么？招聘员工这点小事朕亲自解决！

人才选拔历来是一个王朝能否兴盛的重点环节，那刘宏是怎么解决招聘问题的呢？他的做法很简单，那就是卖官。

卖官大会

> 明码标价，一锤定音，有钱全款，没钱分期！

> 招聘的同时还能创收，皇上真是个天才啊！

除了自己皇帝的岗位之外，刘宏几乎什么官都敢卖，卖官得到的钱自然全都成了他的私房钱。

朋友们都说我是地主家的傻儿子，我就要靠自己的努力告诉他们，我也能当大官！

只要钱到位，啥官都给配！

国家的栋梁之材没了，取而代之的都是些花钱买官的废物，皇帝自己也没什么工作能力，大汉天下谁来管呢？此时宦官张让和赵忠登场了。

老规矩！皇上您就安心玩！

工作上这些小事交给我们就好！

满朝文武，朕就看你们两个顺眼！

张让

赵忠

张让和赵忠是刘宏最信任的两个宦官，信任到什么程度？身为皇帝的刘宏竟然把他们比作自己的父母。

张常侍就是朕的亲爹！赵常侍就是朕的亲妈！

大家别误会，皇上这只是比喻。

没错，只是口头禅而已，哈哈哈！

刘宏卖官挣钱是把好手，花钱更是大手大脚，他在皇宫里建了一条商业街，让宦官和宫女们扮成商铺老板叫卖，商品就是搜刮来的奇珍异宝，刘宏亲自驾着驴车假扮游客逛街游玩。

朕有几头小毛驴却从来也不骑，有一天朕心血来潮驾它来赶集……

皇帝只知道玩，宦官也用各种方法横征暴敛，他们都很快乐，但百姓可就苦了。

天天闹灾荒，朝廷还天天收钱，我们活不下去啦！

朝廷把快乐建立在我们贫苦百姓身上，太过分啦！

在这个民不聊生的时期，以张角兄弟为领袖的迷信组织太平道兴起了，张角靠着过人的忽悠技巧收获了全国几十万忠实粉丝，其中大部分都是饥寒交迫的流民。

三位神仙就是我们的信仰！

也是我们的精神食粮！

公元184年，太平道领袖张角宣布起义反抗朝廷，靠着庞大的粉丝基础，全国各地几十万人在他的号召下起义。

张角的起义军都戴着黄色的头巾，所以被称为"黄巾军"。这次起义声势浩大，连长期罢工度假的汉灵帝刘宏都坐不住了，他被逼回工作岗位，释放了党锢之祸中被关押的大臣，组织镇压黄巾军。

第十六章 汉室倾颓

黄巾军大多数都是一些食不果腹的百姓，他们打一打地方衙门还行，真要和朝廷军队打起来根本不是对手，仅仅九个月后声势浩大的黄巾军就被镇压，张角病死。

黄巾军虽然被镇压了，但各地的叛乱并未平息，凉州、幽州等地的战事此起彼伏，已经到了无法控制的地步。此时，大臣刘焉提出了"废史立牧"的建议。

从此各州州牧成了大权独揽的封疆大吏，他们不再受朝廷控制，各自招兵买马发展自己的势力，大汉王朝走上了分崩离析的道路。公元189年，汉灵帝刘宏驾崩，终年34岁。

> 分崩离析？朕只是贪玩一点，怎么给我扣了这么大的帽子？

刘宏有两个儿子，一个是王美人的儿子刘协，他非常喜欢这个儿子。另一个是何皇后的儿子刘辩，在何皇后位高权重的哥哥大将军何进的支持下，没人看好的刘辩最终继位，他只有14岁，史称"汉少帝"。

汉少帝

> 皇上喜欢谁不重要！我就喜欢我亲外甥当皇帝！

刘辩

何进

何太后

第十六章 汉室倾颓

刘辩即位后,朝政由何太后和大将军何进把持,何进一直想清除张让等宦官,但何太后却不同意。

> 大家友好相处,别打架了!

> 太后护着我们,你能怎么样?

> 你们等着!我叫人!

当初汉灵帝"废史立牧",天下各州出现了很多拥兵自重的州牧,何进为了清除宦官,就联系并州牧董卓来洛阳帮忙。

> 老董!你带兵来洛阳出趟差!帮我除掉那些太监!

> 我等这一天已经很久了!这就出发!

董卓

董卓带兵来洛阳的消息传来,张让和几个宦官知道自己死定了,就率先动手,一起在皇宫里设下埋伏,趁着何进落单,把他除掉了。

> 你们不要过来呀!我可要叫人啦!

> 深宫大院,叫破喉咙也不会有人来救你的!

315

权倾朝野的大将军何进竟然被几个宦官谋杀了，这件事惹恼了何进的手下袁绍等人，他们带兵冲入皇宫，诛杀了2000多名宦官，幸存下来的宦官张让等人挟持少帝刘辩和陈留王刘协逃走了。

只要是宦官，格杀勿论！

袁绍

逃走的张让被追兵逼得跳河自尽，刘辩和刘协落入了带兵赶来的董卓手中，董卓带着他们和自己的军队顺利进入了洛阳城。

我的运气太好啦！得到了皇帝，就是得到了进入洛阳的门票啊！

洛阳

公元189年，董卓害死何太后，强行废掉了少帝刘辩，立9岁的刘协做了皇帝，史称"汉献帝"。又把自己封为相国，把持朝政。

我就是看刘协顺眼，就想让他当皇帝，你们有意见吗？

没有没有，相国说啥都是对的！

刘协

第十六章 汉室倾颓

董卓十分凶残,他在皇宫里残害大臣、欺辱公主,纵容他手下的士兵在洛阳城里杀人放火、抢劫财物、残害百姓,可以说是无恶不作。刘协成了任由董卓摆布的傀儡。

手里攥着皇帝,就是可以为所欲为,哈哈哈!

董卓的残暴行为引起了天下人的不满,各个州郡组成军事联盟准备攻打洛阳,盟主就是袁绍,董卓得知消息,马上挟持刘协从洛阳迁都到了长安。

老董,你给我等着!

等你们合伙打我?你当我傻吗?

董卓毒死了被废掉的皇帝刘辩，派兵将洛阳城的百姓全都向长安方向驱赶，将洛阳的皇宫和民宅付之一炬，又指使义子吕布挖掘皇帝和大臣的陵墓，盗取其中的珍宝。

逃到长安后，董卓继续挟持刘协把持朝政，而合伙攻打董卓的联军没打算大老远去追董卓，而是各回各家，之后各个州牧郡守为了扩张地盘又开始互相攻打，从此天下大乱。

第十六章 汉室倾颓

虽然外边没有敌人了,但董卓没有重视内部矛盾,司徒王允联合吕布密谋刺杀董卓。

> 事成之后,好处少不了你的!

> 董卓可是我最敬爱的义父啊!让我杀他……得加钱!

司徒王允

吕布

公元192年,在司徒王允的计划下,恶贯满盈的董卓被义子吕布刺杀在长安北掖门。

> 诛杀逆贼义父……哦不,诛杀逆贼董卓!

北掖

除掉董卓后，王允和吕布一起把持朝政，刘协依然是一个傀儡皇帝。

> 臣灭掉乱政的董卓，给皇上出气啦！

> 董卓被灭，皇上您重获新生啦！

> 朕怎么感觉，没啥变化呢……

然而没过多久，董卓的部将李傕（jué）和郭汜（sì）带兵攻陷长安，王允被杀，吕布兵败逃走。

> 臣灭掉乱政的王允，给皇上出气啦！

> 吕布逃走，皇上重获新生啦！

> 朕怎么感觉，还是没啥变化呢……

第十六章 汉室倾颓

　　李傕和郭汜虽然掌控朝廷大权，但武将出身的他们哪里懂得治国，没钱了抢钱，没粮了抢粮，没啥可抢的了就开始抢皇帝。刘协虽然是个傀儡，但皇帝身份这个金字招牌还是很贵重的。

> 你放手！皇上明明跟我好！

> 朕快被你们扯成两半啦！

> 你放手！皇上归我了！

　　李傕和郭汜的军队在长安互相打了几个月，死伤上万，把长安打成了一座死城。刘协决定搬家回洛阳，途中各路豪强为了争夺刘协打来打去，跟随刘协的大臣们死伤无数。

> 朕搬个家怎么比西天取经还难，嘤嘤嘤！

> 皇上快把头缩回去！小心中箭啊！

321

一路颠沛流离的刘协终于回到了废墟一般的洛阳，他正在发愁以后的日子该怎么过的时候，兖（yǎn）州牧曹操突然出现了。

臣曹操终于把皇上盼来啦！

说曹操曹操就到，来得可真快啊！

在刘协被人当作傀儡争来争去的同时，天下各路豪强也是打得不可开交，文武双全的曹操南征北战，是其中的佼佼者，他听取谋士毛玠（jiè）提出的战略建议，一直想得到刘协。

我建议主公奉天子以令不臣……

好想法！天子确实是个号令天下的好旗帜！

从长安回到洛阳的汉献帝刘协走投无路，只能依附曹操，曹操马上就把他带回了自己的大本营许县，刘协将曹操封为大将军。

皇上重获新生了，以后由我来保护你！

随便吧，朕漂到哪儿就是哪儿了！

此后曹操在皇帝这个门面的加持下，开始与各方势力展开角逐，他击败了张绣、袁术、李傕、吕布、刘备等各方豪强，又在官渡之战中以少胜多打赢了不可一世的劲敌袁绍。

在曹操南征北战期间，已经长大懂事的刘协不甘心做曹操的傀儡，就与妃嫔董贵人的父亲董承一起密谋暗杀曹操，可最终秘密泄露，董承和怀了孕的董贵人都被曹操处死了。

皇上的嫔妃和老丈人密谋暗杀我这个超级忠臣，我帮你把他们除掉了！

朕还能说什么呢？嘤嘤嘤！

正当曹操想要带兵南下统一天下的时候，北方游牧民族乌桓南下入侵幽州，为了稳定北方，曹操带兵打得乌桓丢盔弃甲，在凯旋途中，踌躇满志的曹操登上碣石山即兴赋诗。

第十六章 汉室倾颓

在肃清北方割据势力后,曹操整顿兵马,第二年就出兵南下准备统一天下。

> 谋臣无数、猛将如云、兵强马壮、天子在手,试问天下谁能挡我?

> 爱谁挡谁挡吧,朕是挡不住了……

公元 208 年,曹操的 20 万大军与刘备和孙权组成的 5 万联军在赤壁隔长江对峙。在孙权手下周瑜的谋划下,孙刘联军用火攻的方式在赤壁击败曹操的水军。吃了大败仗的曹操撤军。

> 不是我曹军无能,而是孙刘联军太狡猾,嘤嘤嘤!

325

赤壁之战后，天下形成了曹操、孙权、刘备三方势力对峙的态势，曹操占据整个北方，实力依旧最强，但短期内也没有统一天下的机会了。

三足鼎立

第十六章 汉室倾颓

公元214年，刘协的皇后伏氏联合父亲伏完又来了一次谋杀曹操的计划，但计划再次泄露，曹操逼迫刘协废了伏皇后，伏皇后被幽禁而死，她和刘协的两个儿子也被毒杀。

> 皇上救我啊，嘤嘤嘤！

> 朕自己都救不了自己啊！

后来在曹操的逼迫下，刘协娶曹操的女儿曹节做了皇后，又让曹操做了魏王，给曹操皇帝一样的地位和特权，明面上曹操几乎已经和刘协平起平坐。

> 实权都掌握在我手里，这些小小的仪式感该有得有，哈哈哈！

> 老规矩，魏王说啥朕听啥。

327

公元 220 年，曹操去世，魏国太子曹丕继位，几个月后曹丕逼迫刘协禅让帝位给他，曹丕称帝，立国号为魏，从此早已名存实亡的汉朝彻底终结。

汉献帝刘协做了 30 多年的皇帝，却没有一天得到实权，一直被各方势力胁迫，一生颠沛流离，在位期间从未做过一件昏聩的事情。公元 234 年，53 岁的刘协寿终正寝。

秦汉百科小贴士

神医华佗

很多人总会用"华佗再世"来评价一位医术高超的医生。华佗生于东汉末年,他行医多年,医术高超,发明了最早的麻醉剂——麻沸散,还能开刀给病人做手术,可以说是世界第一位外科医生。

据说他通过对动物行走姿势的观察,为年老体弱的人编排了一套模仿虎、鹿、熊、猿、鸟五种禽兽姿态的健身操——"五禽戏"。

华佗治病不拘一格,会很多偏方,有一个郡守生了重病,华佗了解病情后,让郡守的儿子把郡守做过的错事说出来,华佗了解后写了一封训斥郡守的信,郡守看后虽然气得吐血了,身体却痊愈了。

大汉帝王谱

西汉

- 汉高祖·刘邦（公元前 256 年 ~ 公元前 195 年）
- 汉惠帝·刘盈（公元前 210 年 ~ 公元前 188 年）
- 汉文帝·刘恒（公元前 202 年 ~ 公元前 157 年）
- 汉景帝·刘启（公元前 188 年 ~ 公元前 141 年）
- 汉武帝·刘彻（公元前 156 年 ~ 公元前 87 年）
- 汉昭帝·刘弗陵（公元前 94 年 ~ 公元前 74 年）
- 汉宣帝·刘询（公元前 92 年 ~ 公元前 49 年）
- 汉元帝·刘奭（公元前 75 年 ~ 公元前 33 年）
- 汉成帝·刘骜（公元前 52 年 ~ 公元前 7 年）
- 汉哀帝·刘欣（公元前 25 年 ~ 公元前 1 年）
- 汉平帝·刘衎（公元前 9 年 ~ 公元 6 年）
- 孺子刘婴（公元 5 年 ~ 公元 25 年）

东汉

- 汉光武帝·刘秀（公元前 5 年 ~ 公元 57 年）
- 汉明帝·刘庄（公元 28 年 ~ 公元 75 年）
- 汉章帝·刘炟（公元 56 年 ~ 公元 88 年）
- 汉和帝·刘肇（公元 79 年 ~ 公元 105 年）
- 汉殇帝·刘隆（公元 105 年 ~ 公元 106 年）
- 汉安帝·刘祜（公元 94 年 ~ 公元 125 年）
- 汉顺帝·刘保（公元 115 年 ~ 公元 144 年）
- 汉冲帝·刘炳（公元 143 年 ~ 公元 145 年）
- 汉质帝·刘缵（公元 138 年 ~ 公元 146 年）
- 汉桓帝·刘志（公元 132 年 ~ 公元 167 年）
- 汉灵帝·刘宏（公元 157 年 ~ 公元 189 年）
- 汉献帝·刘协（公元 181 年 ~ 公元 234 年）